日本の遺跡 8

# 加茂遺跡

岡野慶隆 著

同成社

加茂遺跡全景空中写真（北より）

竪穴住居（弥生時代中期　第193次調査）

斜面環濠（遺跡東側崖斜面　弥生時代中期　第138次調査）

掘立柱建物（弥生時代中期　第120次調査）

方形周溝墓（弥生時代中期
第153次調査）

土器棺墓（弥生時代
中期　第153次調査）

木棺墓（弥生時代中期
第175次調査）

明治末年出土の栄根銅鐸（弥生時代後期　復元高114cm）
（東京国立博物館所蔵
Image: TNM Image Archives　Source: http://TnmArchives.jp/）

# 目　次

カバー写真　大型建物と方形区画（第125次調査）
装丁　吉永聖児

# 加茂遺跡

# はじめに

大阪駅よりJR宝塚線に乗車し、約二〇分で兵庫県の川西池田駅に着く。駅のプラットホームより南西側に間近に見える小高い丘の上が、加茂遺跡である。阪急電鉄宝塚線で大阪方面より訪れる場合も同じで、「電車が猪名川を越える頃、懐かしい加茂の台地が見えました」と、講演に訪れた研究者から聞いたことがある。その独特な地形は、航空写真や近くの山からの遠望でも確認することができるが、これは加茂遺跡が洪積台地の突端部に位置していることや、遺跡内に所在する延喜式内社「鴨神社」の豊かな社叢林が生んだ景観である。考古学をすこし学んだ人ならば、「この丘の上には何かが有りそうだ」と感じられる地形的特徴を加茂遺跡はもっている。本遺跡の研究史は、この丘の上で多くの土器と石器が採集されはじめた大正時代から始まる。

早くから知られていた加茂遺跡も、二〇〇〇（平成十二）年七月三十一日に集落中心地の一部がようやく国の史跡に指定された。とくに規模が大きくなる弥生時代中期集落の様子が最近一段と明らかになり、畿内を代表する大規模集落という評価を受けたためである。しかし、指定にいたるまでいろいろな経過があり、順調ではなかった。およそ、それぞれの遺跡は人と同じように、さまざまな個性や経歴をもっている。第一章では、遺跡の発見から発掘調査の進展、遺跡の保護・顕彰、それにかかわった人びとなど、加茂遺跡の経歴についてみてみたい。

加茂遺跡の特徴が弥生時代中期を中心とする大規模遺跡であるということは、一九五二（昭和二十七）年の発掘調査以来指摘されてきていた。その後、二〇〇次以上に及ぶ発掘調査の進展で、旧石器・縄文時代から平安時代に及ぶ遺跡であることが明らかになってきている。また、遺跡が大規模化するのは弥生時代中期であるが、集落の中心域とその中央部に建てられた大型建物、中心域をめぐる環濠、環濠外の居住区、西側に広がる墓地など、集落を構成するいろいろな要素もわかってきた。

一方、加茂遺跡の所在する川西市南部は、古代遺跡が集中する地域でもある。これらの諸遺跡も発掘調査が進んでおり、加茂遺跡を取り巻く歴史的環境も明らかになりつつある。第二章では加茂遺跡の調査成果から見た概要とともに周辺遺跡群の動向、第三章では最盛期となる弥生時代中期集落の調査成果について紹介したい。

畿内の弥生時代中期に巨大ともいえる大規模集落がなぜ現れるのかという問題は、近年議論が活発化している。加茂遺跡もその一つに数えられるが、本遺跡の発掘調査におよそ三〇年間かかわってきた筆者にとっても、その解明は重要な課題である。第四章では、明らかになってきた集落構造の分析などを通して、大規模集落の形成要因の検証や集落内社会の復元を試み、その課題の一端でもはたすことにしたい。

# I　調査の経緯と研究史

## 1　栄根銅鐸の出土

### (一) 加茂遺跡の位置

川西市は、兵庫県南東部に位置する人口約一六万人の住宅都市である。阪神間東部を流れる猪名《いな》川《がわ》に沿って平野部から山間部に及ぶ南北に細長い市域をもつが、清和源氏発祥の地として著名な多田神社や、近世に栄えた多田銀銅山跡など、各時代の豊富な遺跡や文化財が点在している。市の南部に位置する加茂遺跡は、その代表的な遺跡である。

近年市の南部では、阪急電鉄宝塚線川西能勢口駅からJR宝塚線川西池田駅の間が再開発により整備されたが、加茂遺跡はその新しい街並みに近く、南西側約三〇〇㍍のところに位置している。町名では、加茂一丁目の一部と、南花屋敷の二・三丁目のほぼ全域が該当する。加茂遺跡の位置は、標高約四〇㍍の洪積台地上で、周辺の低地とは約二〇㍍の比高差がある。遺跡からの眺めもよく、間近には川西市南部や大阪府池田市の中心街を見下ろし、北方向には妙見山などの北摂山地の

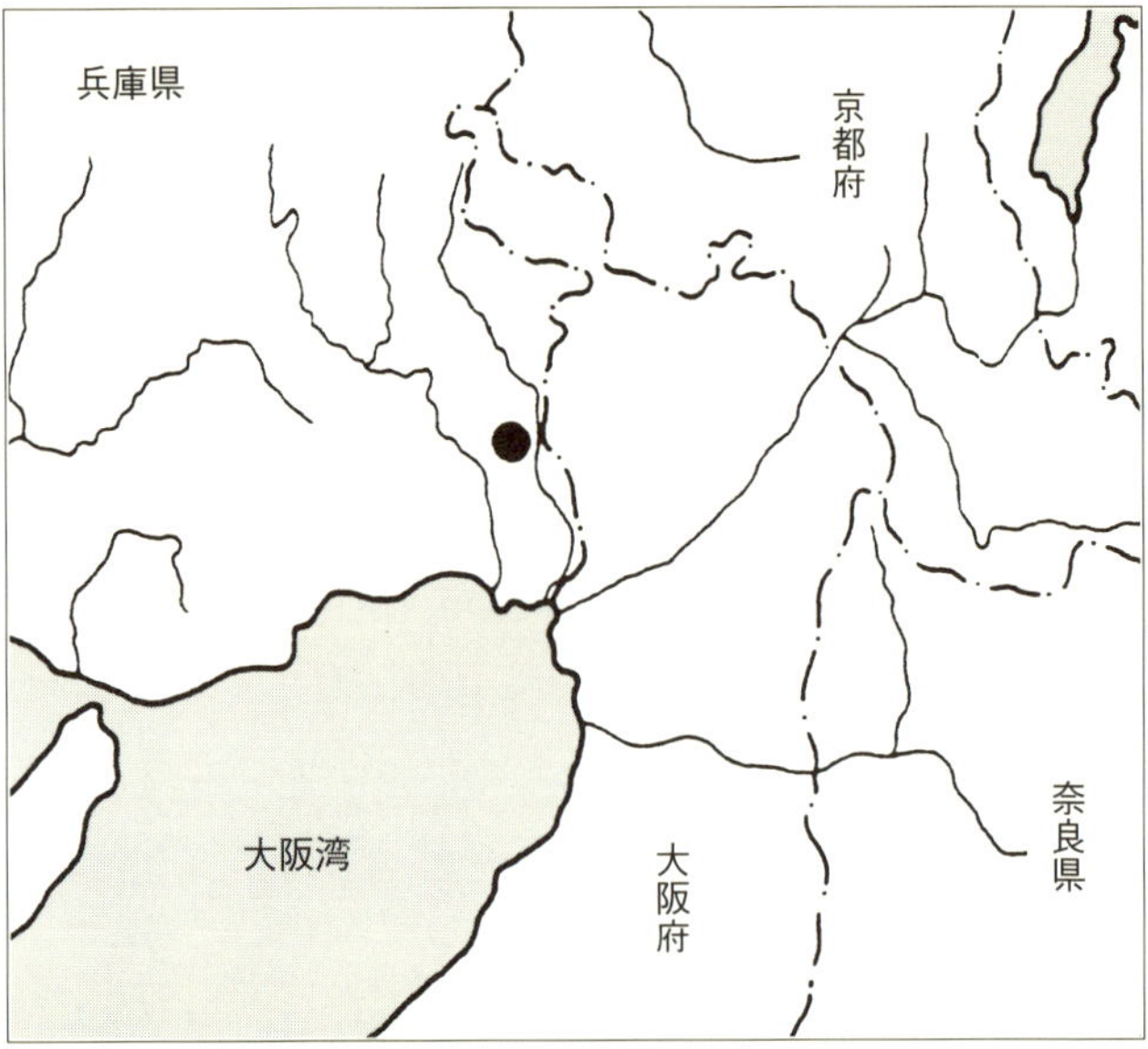


**図1**　加茂遺跡の位置（1）

山並み、遠く東方向には千里丘陵から生駒山、南東方向には二上山・葛城山までのぞむことができる。

　現在遺跡の東部には延喜式内社鴨神社が地元の氏神として祀られ、南北方向に延びる境内地の森と洪積台地縁辺部の樹木が加茂遺跡特有の景観を形作っている。水を引けない台地上なので水田はなく、かつてはほとんどが桃畑であったが、現在は宅地化が進んでいる。

## (二) 栄根銅鐸の出土

　この加茂遺跡から、高さ一メートルを越える巨大な銅鐸が出土したのは、一九一一（明治四十四）年のことである。その頃は川辺郡川西村の時代で、当時の出土地名「栄根字井坂一三番地」から通称「栄根《さかね》銅鐸」とよばれてきた。しかし、実際には加茂遺跡の立地する台地の東側崖下の出土で、現

図２　加茂遺跡の位置（２）

**図3**　採集された栄根銅鐸飾耳片

在では加茂一丁目一五番地に地名変更され、本来は「加茂銅鐸」とよぶべきものである。出土後銅鐸は東京国立博物館に所蔵されているが、次のような後日談がある。

　一九八七（昭和六十二）年、市民より川西市へ加茂遺跡採集の土器と石器の寄贈があった。寄贈者の祖父が一九三四（昭和九）年加茂遺跡で採集したものである。後で述べるように、大正から昭和初期の頃加茂遺跡で多くの弥生土器と石器が採集できると評判になり、多くの研究者や郷土史家が訪れている。また、その後現在にいたるまでの採取者も多かったことから、このような寄贈もまれにはあった。ところが、驚いたことに土器と石器が詰まった菓子箱のなかには、青さびた直径三・六《センチ》、厚さ七《ミリ》の半円形の金属片が一個混ざっていたのである。表裏の同心円文や、「栄根字井坂」からの採取品であることを示すメモから、栄根銅鐸の飾耳片の可能性が高いことはすぐわかったが、問題はどのようにして確証を得るかということであった。まず、近隣の西宮市にある辰馬考古博物館の高井悌三郎館長（当時）にお願いし、同館所蔵の栄根銅鐸の拓本と照合した。しかし、他の飾耳と大きさがほぼ一致することまではわかったが、どの部分にあたるかまではわからず、結局高井先生に同行いただいて東京国立博物館で現物との照合をすることとなった。結果は、やはり側辺飾耳のうちの一個で、接合部分も確定

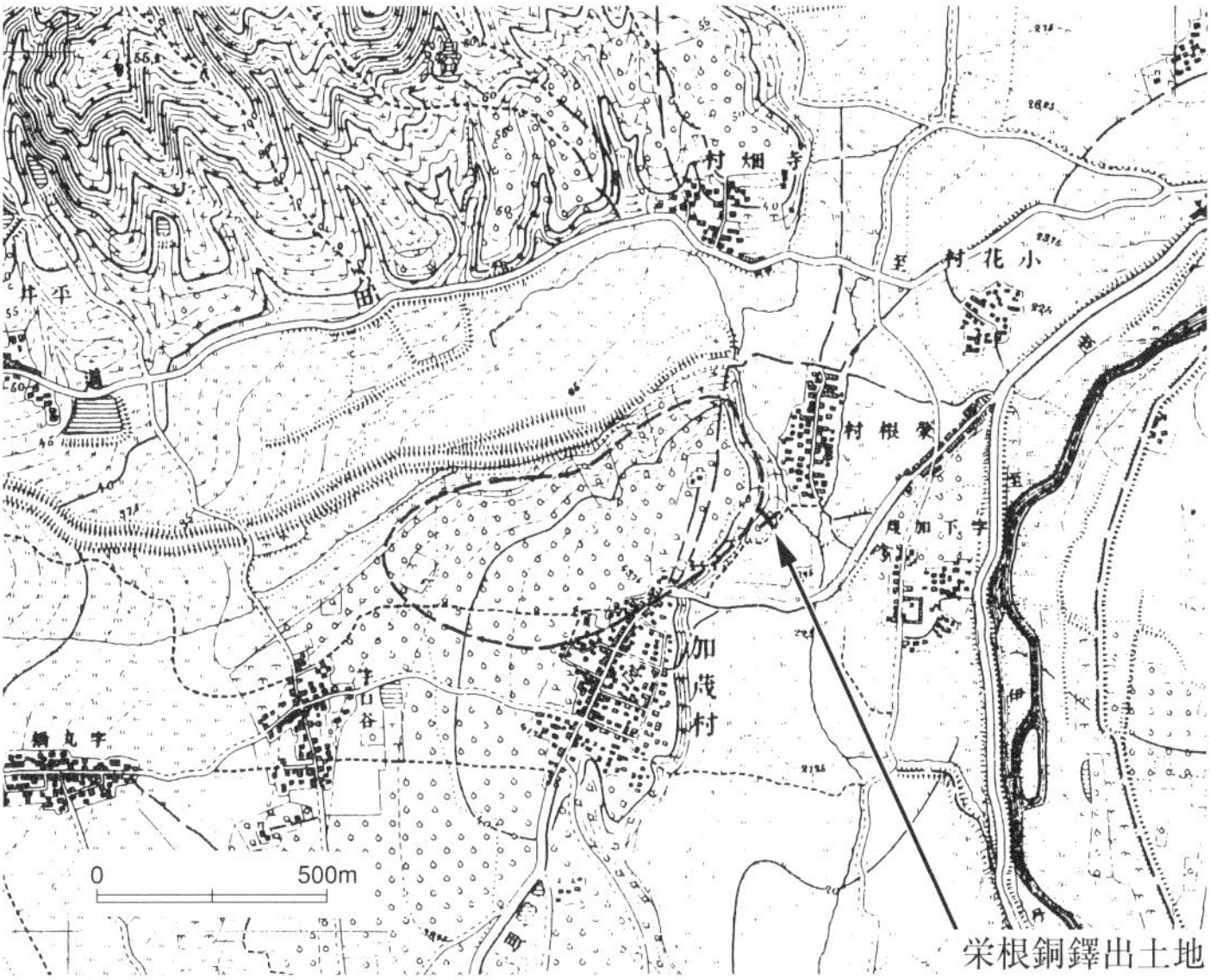


**図４**　明治時代の加茂遺跡

されたのである。

明治時代の発見者は最初よくわからず、銅鐸を鍬先で傷めてしまい、いくつかの破片となったようである。大半の破片は回収され当時の東京帝室博物館に収蔵されたが、現地には一部の破片が残されており、たまたま二三年後に訪れた某氏がそれを採集したのであろう。採集者はおそらく何の破片かよくご存じなかったであろうが、栄根銅鐸出土後約八〇年もたち日の目を見たということは、地道な遺物採集作業のたいせつさを物語るものであろう。なお、飾耳片は川西市に寄贈され、加茂遺跡内の川西市文化財資料館で、東京国立博物館の現物より型取り作製した栄根銅鐸のレプリカとともに展示公開している。

## 2　採集資料の時代

### （一）加茂遺跡の発見

加茂遺跡の存在が明らかになるのは、栄根銅鐸の出土後数年を経た大正初期である。遺跡に近い池田師範学校の笠井新也は、一九一五・一九一六（大正四・五）年に鴨神社周辺での弥生土器・石器の散布状況や発見の経緯を「玉類・斎瓮および弥生式土器を混出する石器時代の遺蹟」と題して『人類学雑誌』第三〇巻一一号から第三一巻二号ではじめて紹介した。これによれば、はじめての遺物採集は一九一五（大正四）年の二月で、以後いく度となく踏査が行われたようである。その広がりは鴨神社の境内地の東・西・北側の三町四方で、当時わかっていた畿内の遺跡でも最大級であることや、弥生土器・石器のほか須恵器・玉類未製品などの多種類の遺物散布が特筆すべきものとして報告されている。

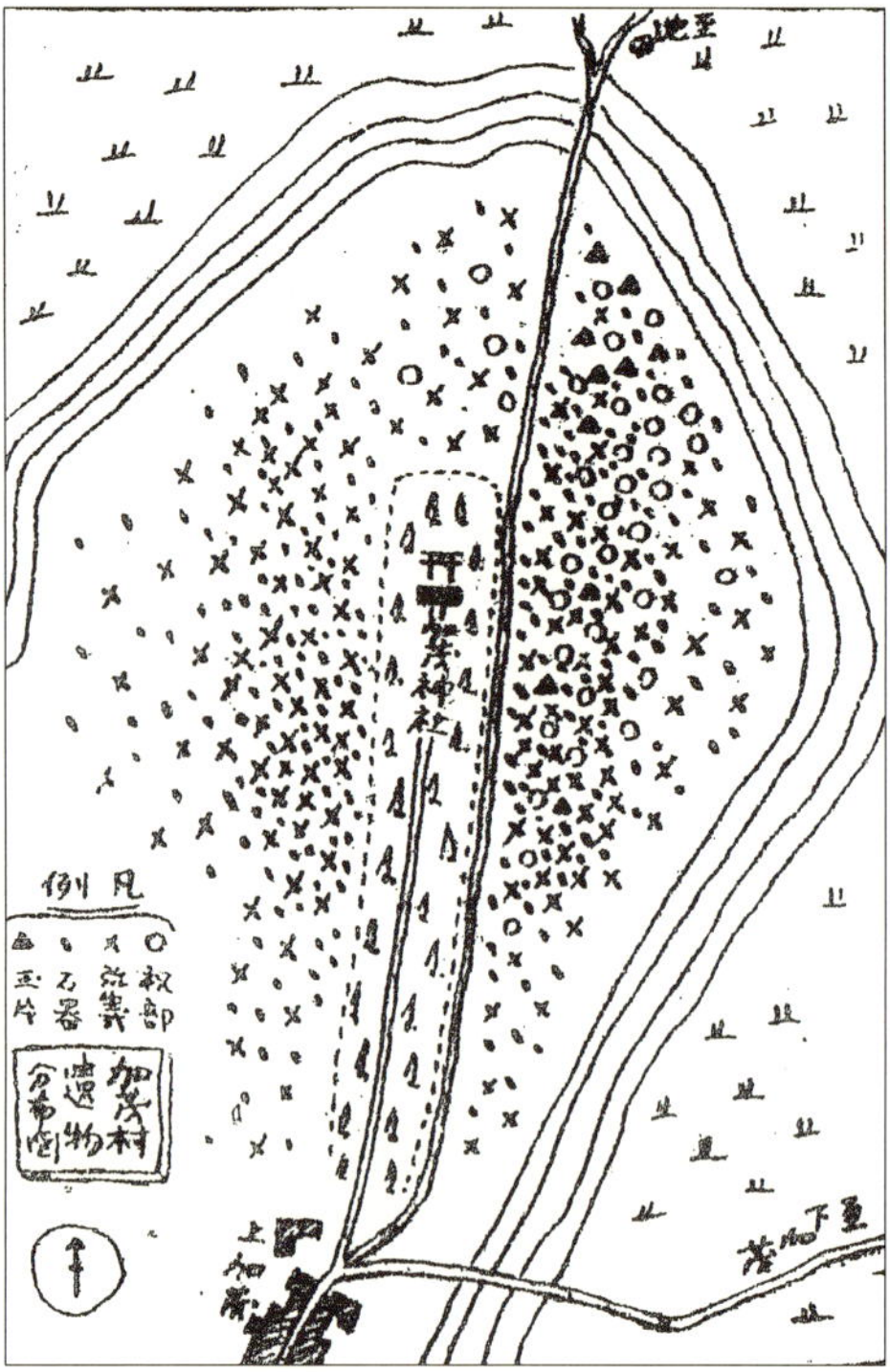


**図5**　鴨神社周辺遺物散布状況（1916笠井論文より）

笠井が、このとき本遺跡を「石器製造所」であると考えたことはよく知られるが、石器の多さとサヌカイト剥片の散布を根拠としただけで、他地域への石器供給などが厳密に論証されたわけではない。当時の考古学研究の限界もあり、弥生時代や文化に対する認識は未成熟な段階ではあったが、遺物散布範囲や地点ごとの散布量・種類の比較など、客観的な報告は見るべきものがある（図5）。とくに現在把握している弥生時代中期集落の中心域の範囲がここに報告された遺物散布範囲と合致していることや、複数の時代に及ぶ遺跡であることを予見したことは評価されよう。また、鴨神社北東側に玉造工房をともなう古墳時代後期集落の存在を推定させる採集データは、この地が現在も未調査地区にあたり確認されていないだけに、見過ごせない成果である。

笠井の「大遺跡発見」の喜びはかなりのものので、そのことは報告文中の随所にうかがうことができる。ところが、発見の年の六月、西宮史談会の例会に出向きその成果を得々と報告したところ、同会の田澤金吾がほぼ時期を同じくして遺跡を発見しており、しかも地元の笠井には内密にしていたことが知らされる。以後、笠井の所属する池田史談会に対して神戸史談会の援軍を得た西宮史談会、またこれを聞きつけた大阪の収集家たちを巻き込んで「採集合戦」が繰り広げられることとなるが、当時の地域考古学研究の一面として遺跡の発見と遺物採集量の競い合いがあったことがよくうかがわれる。笠井の報告でも五〇〇個もの石鏃が採集されていることからすれば、この時点でかなりの遺物が採集されてもち去られたのであろう。

しかしさいわいなことに、神戸史談会の福原会下山人採集資料は兵庫県立博物館に、西宮史談会の紅野芳雄採集資料は西宮市立郷土資料館にそれぞれ寄贈され保管されている。また、時期が下り一九三九（昭和十四）年から一九七八（昭和五十三）年に採集した西宮史談会の山田博雄の資料は、辰馬考古資料館に寄贈されている。これらの資料をもとに石器の採集量を見ると、福原会下山人の資料で六五点（うち石鏃二四点）、紅野芳雄の資料で二一点（うち石鏃九点）、山田博雄の資料で六八三点（うち石鏃三五二点）を数える。とくに山田の採集資料には、銅鏃や磨製石剣などの貴重な資料が含まれることは注目される。

### （二）宮川石器館の開館

このように、多量の遺物が加茂遺跡からもち去られるなか、自らの採集資料を常設展示し公開したのが地元加茂集落在住の宮川雄逸《ゆういつ》であった。宮川は、通勤の途中や休日に資料採集を行っていたが、このような資料の流失を憂い自宅の長屋門を改造して自らの採集資料を展示する「宮川石器館」を開館したのであった。

一九三六（昭和十一）年五月十八日の同館開館日には、浜田耕作・末永雅雄・小林行雄・武藤誠らの研究者が列席し、そのもようは『朝日新聞』の「天声人語」にも紹介されている。木製枠のガラスケースには、種類ごとに分類された弥生土器や石器が展示されているが、現代の展示手法とは異なり所蔵資料は破片でもすべて公開する方式がとられている。石器の量は多く、後に資料整理を行った佐原真らの報告によると、総数二六四五点のうち打製石鏃が一一九〇点、石錐が五一三点、石庖丁が二三〇点となっている。

宮川石器館は、一九九三（平成五）年遺跡内に川西市文化財資料館が開館するまで、加茂遺跡の資料を紹介する唯一の資料館として永らく存続

**図6**　宮川石器館展示室

し、多くの研究者や市民の訪れるところとなってきた。同館には開館以来の来館者名簿が残されているが、そのなかに近年亡くなった著名な考古学者佐原真が小学生時代に訪れた際の署名も見られ、考古学に興味をもつ学生・生徒たちの良き学習の場でもあったことを物語っている。その後、一九九五（平成七）年の阪神・淡路大震災の被害によって一時休館するところとなったが、修復後再開して現在にいたっている。

なお、宮川石器館の見学は現在も土・日曜日と祝日を除けば可能であるが、あくまでも個人の施設なので事前連絡が必要である。資料のなかには、ナイフ形石器や銅鏃などその後の発掘調査でもなかなか出土しない資料も含まれているので、注意して見学されるとよい。しかし、それよりも開館以来ほとんど変わっていない展示室内の雰囲気は見ごたえがあり、考古学史や開館した時代性をよく伝える文化財といってもよいのではなかろうか。地域の文化財の保存や顕彰が、行政ではなく市民の手でまず始まったことを伝える好例でもある。

## (三) 遺跡研究の進展

加茂遺跡の出土遺物に対する本格的な研究成果が発表されるようになるのは、考古学研究が進展した昭和時代に入ってからで、多くの研究者が本遺跡を訪れている。

まず興味がもたれたのは先に出土した栄根銅鐸で、梅原末治は、一九二七(昭和二)年現地での出土状況の聞き取りとあわせて資料報告を『銅鐸の研究』で行っている。また、直良信夫は、一九二九(昭和四)年『考古学雑誌』第一九巻第八号で、「石器其の他を出土せる日本上代の遺蹟と銅鐸との関係」と題して栄根銅鐸を含めた銅鐸四例と弥生遺跡との関係を検証した。栄根銅鐸の関係で注目されているのは、銅鐸発見者からの聞き取りで「一文銭」のようなものが間近で出土したことが知られたことで、直良は貨泉の可能性を指摘している。

宮川石器館の所蔵資料をはじめて学術的に調査・考察を行ったのは藤森栄一で、一九四三(昭和十八)年『古代文化』第一四巻第七号に「弥生文化に於ける摂津加茂の石器群の意義について」を発表した。弥生土器については、すでに発表されていた小林行雄の編年研究を応用し、櫛描文の盛んな畿内第三様式の土器が多く、畿内第二・四様式が少ないこと、第五様式はさらに少ないことが指摘されている。これをもって、本遺跡が「弥生式文化の第二期(中期)」に大集落が営まれ、「弥生式文化末期(後期)」に衰退したという、現在もほぼ有効な見解をすでに示したことは注目される。

一方、藤森の主眼は石器研究にあったようで、サヌカイト・閃緑岩類・粘板岩類等の石材分類に始まり、各種打製・磨製石器の実測図を掲載し分類、報告している。なかでも、太形蛤刃石斧、石庖丁の未製品の多いことに注目し、本遺跡が農耕集落というよりももっぱら木製品加工のための工具生産を行った集落であったと断じている。そして、弥生時代後期にいたっての集落の衰退の要因は、石器文化の消長と運命を共にした結果としたのであった。

## 3　発掘調査の始まり

### （一）最初の発掘調査

一九五二（昭和二十七）年から一九五四（昭和二十九）年にかけて、関西大学の末永雅雄と関西学院大学の武藤誠が両大学の学生を率いて加茂遺跡の発掘調査に着手した。鴨神社周辺の八カ所の試掘調査を行い、すでに弥生時代遺跡として著名であった本遺跡の概観の把握を試みたものであるが、これが最初の発掘調査となる。調査成果は、その後石野博信による鴨神社南側を通過する市道建設地の発掘調査成果を加えて、一九六八（昭和四十三）年『摂津加茂』として報告されていることはよく知られている。この報告書によれば、本遺跡は東西五〇〇メートル、南北二〇〇メートルの範囲に広がる弥生時代中期を中心とする集落跡で、東半部の居住区に対して南西部には墓地や特殊遺構が営まれたとされている。また、弥生集落は中期の第Ⅱ様式期に始まり、第Ⅲ様式期には最盛期を迎え南西部に拡大するが、後期には最盛期の中枢部だけを残し縮小するという過程も明らかにされている。

図７　『摂津加茂』掲載の加茂遺跡

## (二) 宮川石器館所蔵資料の調査

一方、宮川石器館所蔵資料は一九四三(昭和十八)年藤森栄一により報告されたが、その後佐原真らが本格的調査を行い、一九六八(昭和四十三)年に『伊丹市史』に成果が報告されている。これによれば、同館所蔵の弥生土器は第Ⅲ様式が最も多く、第Ⅱ・Ⅳ様式がこれに次ぎ、第Ⅴ様式はごく少量であることから、本集落は中期の第Ⅱ様式期に始まり、第Ⅲ・Ⅳ様式期に栄え、後期になり急速に衰えたものとされている。また、石器では太型蛤刃石斧と石庖丁の未製品が確認されたが、藤森栄一の指摘した太型蛤刃石斧の製作所説は肯定するものの、石庖丁については量的に少ないことから否定的見解を示している。先に紹介したように、佐原真は小学生時代から同館を訪れており、加茂遺跡や所蔵資料に対する思い入れがあったのではないかと思われる。

ただ、気になるのは、宮川石器館の資料以外に多くの収集家たちが採集した資料の行方である。宮川氏の採集資料でもかなりの量であることから、この数十倍の資料が採集されてもち去られたものと推定される。まれに、市への寄贈があるが量的には少ないものである。採集した人びともすでに亡くなり、死蔵されているか捨てられたものもあるのではなかろうか。

# 4　緊急発掘調査の増加

## (一) 住宅開発の急増

一九六七(昭和四十二)年六月一日川西市教育委員会は、市文化財保護条例施行にともなう市指定文化財第一号として鴨神社境内地を史跡に指定した。すでに近畿地方を代表する弥生時代集落としての評価があったからである。しかし、全国的

図８　はじめての竪穴住居検出（第15次調査）

な開発ラッシュは、加茂遺跡のある川西市南部にも及んできた。

「昭和の中期より今日にいたる間はまさに加茂遺跡の受難期といえる。太平洋戦争末期には、戦車、上陸用舟艇の集積場が鴨神社境内地に設けられ、いたるところに壕が掘られ、遺跡は本格的調査前に荒れた観があった。また昭和三十年代以降の住宅建設ブームは遺跡範囲内を見逃すはずもなく、住宅は林立し旧状は失われていった。そうして今では遺跡をのみつくさんとしている」。加茂遺跡の調査に早くからかかわった武藤誠が、一九六九（昭和四十四）年川西市の発掘調査概要報告書に書いた文章である。以前は調査も行われず開発が進行したが、この頃から遺跡内の開発に対して事前に発掘調査を行い記録を取るいわゆる緊急調査が行われはじめた。

まず、昭和四十年代前半には鴨神社社殿や加茂幼稚園建設などがあり、これにともなう緊急発掘調査が、武藤誠・富田好久・亥野彊・石野博信らの研究者からなる調査団に市教委から委託する形で実施されている。さらに、一九七二（昭和四十七）年からは市教委の専門職員による分譲住宅や個人住宅建設にともなう緊急発掘調査へと移行していった。この頃の調査では、鴨神社の西側に隣接する第一五・一七次調査で、本遺跡で初めての弥生時代中期の竪穴住居が検出されている。

## （二）広がる遺跡の範囲

担当職員として筆者が調査を行いはじめたのは、このすこし後の頃で、遺跡保護対策のための範囲確認調査（第一八次調査）の途中からであった。この確認調査では、昭和四十八年から五十年までの三年間、遺物散布範囲の確認や、地点別散布量の比較、一五地点の試掘調査が行われている。この結果、弥生時代中期を中心とする遺物の散布量や遺物包含層の堆積は、従来より遺跡の中心地と考えられていた鴨神社周辺において最も顕著であったが、希薄ながらも西側に大きく広がり、従来考えられていた二倍近い東西七〇〇《メートル》、南北三〇〇《メートル》の規模をもつ全国的にも最大クラスの集落であることが明らかになった。

これにより、西側に拡大した地区も緊急発掘調査対象となり、緊急調査量も増加した結果、弥生時代中期の集落範囲はさらに東西八〇〇《メートル》、南北四〇〇《メートル》に拡大した。また、集落内の居住地は遺跡東部を中心としつつも西側に広く延び、西部は方形周溝墓や木棺墓・土壙墓などからなる墓地が広がるという集落構造も徐々にみえてきた。遺跡の存続時期も、縄文時代後期・晩期、弥生時代後期、古墳・奈良・平安時代などの各時代の遺構・遺物が次々に検出され、弥生時代中期が最盛期で

図9　現地説明会風景（第55次調査）

あることは変わらないながらも、長期間に及ぶ集落跡であることもわかってきた。調査は個人住宅建設にともなう一〇〇平方メートル以下の小規模調査ばかりで、調査面積に対して調査次数のみが増えるという傾向であったが、逆に遺跡内各所を小規模ながらも調査したことにより、遺跡全体の傾向がみえてきたのであろう。

### (三) 遺跡保存運動

住宅建設にともなう緊急調査の進展により、これは全国的な動向であったが遺跡保存運動も起こっている。緊急調査で遺跡の実態は徐々に明らかになっていったが、それは遺跡の破壊と引き替えに得られた代償であったからである。地元に結成された「加茂遺跡を守る会」（代表・伊井孝雄）は、市教委が行っていた住宅開発にともなう緊急調査への抗議行動をしばしば起こしている。「遺跡の破壊者」として批判の矢面にたった市の調査担当職員としては苦しい時代で、いわゆる「加茂三号線裁判」はとくに有名である。一九七〇（昭和四十五）年、当時把握されていた遺跡の西端部を南北に通過する市道加茂三号線（後に十一号線と改名）建設工事時に土器の出土や土層断面での遺構確認があり、工事は一時中断した。遺跡保存運動団体は、遺跡内の道路建設を不法とし、市に監査請求したが却下され、神戸地裁に工事差し止めの提訴に及んだ。一九八〇（昭和五十五）年にいたり、裁判は双方の遺跡保存に関する条文の交換により和解が成立し、これを受けて市教委は多淵敏樹を団長に、水野正好らを調査委員とする調査団を編成し、市道建設地の発掘調査（第五五次調査）を実施している。

図10　市道11号線の発掘調査（第55次調査）

この調査は、すでに通行が始まっていた車両をガードマンの誘導で片側交互通行させながら、一方の片側を調査するという危険で困難なものであった。しかし、それまで個人住宅が主であった本遺跡の調査のなかではめずらしく大規模で、遺跡中央部を縦断する形での調査した結果、南部で弥生時代中期の竪穴住居、北部で方形周溝墓が検出されるなど、集落構造を解明するための資料がまとまって得られている。一九八二（昭和五十七）年、川西市教育委員会により同調査の報告書がまとめられているが、緊急調査が始まって以来最初の本格的な調査報告書で、学術的な意義が大きいものである。

なお、一九七二（昭和四十七）以降の発掘調査は川西市教育委員会がおもに行ってきたが、開発が多くなった時期には市教委では対応できず、加茂遺跡発掘調査団（第八四次調査）、淡神文化財協会（第一三八次調査）、古代文化調査会（第一四一次調査）などの団体が発掘調査を行っている。

## 5　加茂遺跡の再評価

### （一）大型建物と方形区画の発見

このように緊急調査の連続ではあったが、市による遺跡保存措置もとられていなかったわけではない。昭和五十年頃より、文化庁の指導や市文化財審議委員会の答申により、集落中心部にあたる遺跡東部を国史跡に指定し保存する方針がたてられ、地権者との話し合いが始まったが難航し、交渉は長期化した。

そのような状況下、加茂遺跡の重要性を再認識するできごとが起こった。それは、一九九二（平成四）年の鴨神社北側市有地での大型建物と方形区画の検出である（第一一七・一二五次調査）。大型建物は、弥生時代中期後半のもので、方形にめぐる小溝により囲まれていたが、小溝は竪板塀

**図11**　大型建物・方形区画の現地説明会（第117次調査）

を設置するための布掘溝《ぬのぼり》であることが明らかになった。当時、弥生時代の大型建物は北部九州にかぎられ、加茂遺跡での発見直前には弥生時代後期の建物が滋賀県下鈎《しもまがり》遺跡で検出されていたが、中期のものとなると加茂遺跡での発表と前後して見つかった奈良県唐古鍵遺跡の楼閣風の絵画土器だけであった。このため、加茂遺跡での大型建物の発見は大きな反響をよんだ。おりしも、佐賀県吉野ケ里遺跡が話題となっていたが、近畿の弥生時代中期集落でも大型建物や構造のわかる大規模集落の発見が期待されていたからである。

しかし、最初方形区画溝を検出した際には、他に類例がなく、あまりにも唐突な発見であったため、大阪大学の都出比呂志教授（当時）の実見を迎いだ。また、調査中も徳島文理大学石野博信教授の指導を受け、確信を得た次第である。なお、この調査は、文化庁補助の出土文化財管理センター建設用地を選定するための確認調査であったが、大型建物と方形区画の検出をもって同敷地を対象外としている。

この発見を機に、川西市では一九九二（平成四）年八月に川西阪急百貨店で「川西加茂遺跡展」、一九九三（平成五）年三月にはシンポジウム「邪馬台国時代のクニ」を開催した。参加したのは、石部正志・小笠原好彦・高倉洋彰・森岡秀人ら研究者諸氏で、マスコミの取り上げが大きかったため一般市民の反響も大きく、加茂遺跡の重要性が広く再認識された。それまでは、大規模集落遺跡とはいえ竪穴住居や方形周溝墓検出の連続にすぎず、遺跡を顕彰する側でも重要性を訴えるポイントを絞りにくかったが、大型建物と方形区画の発見により集落のイメージを描きやすくなったことも一因であろう。

## （二）集落構造の検討

一方、大型建物の学問的な評価を行う上で、弥生時代中期集落の構造を再検討する必要が生じてきた。それまでは、加茂神社周辺の遺跡東部を集落の中心部とし、西部が墓地であるという漠然とした理解しかできていなかったが、大型建物を集落の中心施設とした場合、居住地・墓地などがどのように形成されていたかを知ることも重要だからである。

その後の調査の進展もあり再検討の結果、大型建物は環濠に囲まれた遺跡東部の集落中心域の中央部にあり、さらに西部の南北二つの環濠外居住区、その西側に広がる墓地など、大規模集落を構成する諸要素を認識することができた。これらの諸要素は、広大な居住地や墓地が漫然と広がっているのではなく、明確な構造をもつことがわかったことは、近畿地方の弥生時代大規模集落のなかでいち早く集落構造のわかる例として貴重な成果であった。同時に、今後の計画的な調査に向けての展望的な性格をもつものとしても意義があるものである。

## 6　文化財資料館の開館と国史跡指定

### (一) 文化財資料館の開館

一九九三（平成五）年十一月二十日、用地を加茂遺跡内の東部から西側に変更し、川西市文化財資料館が開館した。鉄筋二階建、延床面積七七七・六三平方《メートル》で、市内の遺跡調査で出土した資料の整理・収蔵・公開の機能をもつ資料館である。埋蔵文化財収蔵施設が未整備である市町村が多いことから、これを改善するための文化庁出土文化財管理センター建設補助を受けた施設である。ちなみに、加茂遺跡内には昭和四十五年頃より小規模なプレハブの資料室があり、加茂遺跡発掘調査の現場事務所と整理室、収蔵庫として使用していた。その後も、市内小学校の空き教室や、廃園後のプレハブ幼稚園舎の利用などを行ってきたが、全国的にも同じような環境下で遺物の整理作業、収蔵などを行ってきた例も多かったであろう。

川西市では、文化財資料館の開館により埋蔵文化財の専用施設が初めて整ったことになる。また、小規模ながらも加茂遺跡を中心とした市内遺跡出土遺物の展示室が設けられ、本遺跡を紹介する初めての公的施設でもあった。さらに、整理作業も含めた市民や小中学生の見学対応、子ども考古学教室など啓発事業の開催と、埋蔵文化財にかかわる多目的な施設として機能している。

なお、同館建設地は加茂遺跡内にあることから、事前に発掘調査を行ったが、弥生時代中期の

**図12**　川西市文化財資料館常設展示室

竪穴住居などが検出されている。このため、遺構を埋め戻した上に厚さ約一メートルのベタ基礎を載せ、地下遺構に影響を与えない工法を採用している。

文化財資料館の開館後、一九九五（平成七）年一月十七日に阪神・淡路大震災がこの地方を襲った。加茂遺跡の地盤の堅さや建設直後であったためか、資料館の被害は軽微なものであったが、加茂遺跡周辺の住宅街に被害が及んだ。震災被害に遭った兵庫県南東部の各市町では、震災復旧・復興が急がれるなかでの発掘調査の実施が問題となったが、兵庫県教育委員会ではこれに対処するため、他府県からの支援職員による復興調査班が組織された。川西市でも支援を受け、大阪府、京都府、鹿児島県からの派遣職員三人が加茂遺跡の発掘調査にあたり、縄文時代後期の埋設土器群や弥生時代中期の方形周溝墓群検出などの成果が得られている。

**図13**　国史跡指定記念シンポジウム（2000年8月5日）

## （二）国史跡指定

大型建物の発見で加茂遺跡の重要性が再認識され、阪神・淡路大震災の復興が進んだ時点で、国史跡指定に向けて地権者との交渉を再開したところ、鴨神社および周辺の地権者数名の同意を得ることができた。川西市は、一九九九（平成十一）年九月十日付で史跡指定申請を行い、同年十一月十九日文化財保護審議会の答申を得、二〇〇〇（平成十二）年七月三十一日に指定を受けるにいたった。史跡指定範囲は、鴨神社境内地を中心に個人所有の畑地、公有地を合わせた二万三三二四七・二一平方メートルで、遺跡の中心域約五〜六ヘクタールを対象とする当初指定予定範囲のおよそ半分の面積ではあったが、今後の追加指定と保存・活用に向けての大きな前進となった。

二〇〇〇（平成十二）年八月五日、この指定を記念して川西市ではシンポジウム「二〇〇〇年遺産川西市加茂遺跡」を開催している。石野博信・水野正好・森岡秀人・坂井秀弥ら、加茂遺跡とかかわりが深い諸氏に参加いただいたが、市の「みつかなホール」がほぼ満員となる盛況であった。

**加茂遺跡年表**

| 年代 | 事項 |
| --- | --- |
| 一九一一（明治44） | 川西村栄根字井坂十三番地より栄根銅鐸出土。 |
| 一九一五（大正4） | 笠井新也、弥生土器・石器を採集し、加茂遺跡を発見。『人類学雑誌』に報告する。 |
| 一九二七（昭和2） | 梅原末治『銅鐸の研究』にて栄根銅鐸について報告。 |
| 一九二九（昭和4） | 直良信夫、栄根銅鐸と加茂遺跡の関係の研究を『考古学雑誌』で発表。 |
| 一九三三（昭和8） | 福島義一、加茂遺跡採集の磨製石鏃を『人類学雑誌』にて報告。 |
| 一九三五（昭和10） | 小林行雄、加茂遺跡採集の貝輪を『考古学』で報告。 |
| 一九三六（昭和11） | 5月18日、宮川石器館開館。 |
| 一九四三（昭和18） | 直良信夫、加茂遺跡採集の銅鏃を『近畿古代文化叢考』にて報告。 |
| | 藤森栄一、宮川石器館所蔵石器に関する論考を『古代文化』にて発表。 |
| 一九五二～五四（昭和27～29） | 関西大学と関西学院大学による試掘調査が行われる。**（第1～9次調査）** |
| 一九六七（昭和42） | 川西市文化財保護条例施行に伴い、加茂遺跡を市史跡に指定。 |

| | |
|---|---|
| 一九六八（昭和43） | 関西大学と関西学院大学による試掘調査成果が『摂津加茂』として報告される。<br>佐原真らによる宮川石器館所蔵資料調査成果が『伊丹市史』第四巻にて報告される。<br>この頃、川西農協加茂支店・鴨神社・加茂幼稚園建設などに伴い発掘調査が行われる。**（第10～13次調査）** |
| 一九七〇（昭和45） | 市道加茂三号線（後十一号線に改名）建設に伴い、遺跡保存団体より監査請求がなされるが、翌年却下され、工事差し止めの訴訟が起こされる。 |
| 一九七二（昭和47） | 初めて個人住宅建設に伴う調査が実施され、弥生時代中期の竪穴住居四軒が検出される。**（第15次調査）** |
| 一九七三～七五（昭和48～50） | 遺跡範囲確認調査が実施され、遺跡範囲が西側に拡大することが判明、従来の約二倍の規模となる。**（第18次調査）** |
| 一九七六（昭和51） | 遺跡西部で初めて方形周溝墓が検出される。以後遺跡西部で方形周溝墓・木棺墓の検出が相次ぎ、墓地である可能性が高くなる。また、サヌカイト集積遺構も検出。**（第23次調査）** |
| 一九七七（昭和52） | 遺跡東部で大型方形周溝墓が検出され、縄文時代晩期の土器も初めて出土する。**（第31次調査）** |
| 一九七九（昭和54） | 遺跡西部で初めて弥生時代終末期の屋内高床部をもつ竪穴住居検出。**（第43次調査）**<br>遺跡西部で初めて古墳時代の竪穴住居検出。縄文時代後期の遺構と土器も初めて検出される。**（第44次調査）** |
| 一九八〇（昭和55） | 市道十一号線の裁判が和解となり、発掘調査が実施される。竪穴住居・方形周溝墓などが検出される。奈良時代の遺構も初めて検出。**（第55次調査）**<br>平安時代の掘立柱建物が初めて検出される。**（第56次調査）** |

| | |
|---|---|
| 一九八七（昭和62） | 寄贈採集資料中に栄根銅鐸の飾耳片見つかる。 |
| 一九八六（昭和61） | 遺跡西部で絵画土器（魚）出土。**（第84次調査）** |
| 一九九二（平成４） | 鴨神社北側で弥生時代中期の大型建物と方形区画が検出される。**（第117次・125次調査）**<br>大型建物の発見を契機に川西市阪急百貨店で「川西加茂遺跡展」が開催される。 |
| 一九九三（平成５） | ３月７日、大型建物の発見についてシンポジウム「邪馬台国時代のクニ」が開催される。<br>11月20日、加茂遺跡内に川西市文化財資料館（出土文化財管理センター）開館。 |
| 一九九四（平成６） | 遺跡東側崖斜面で環濠検出される。**（138次調査）** |
| 一九九五（平成７） | 阪神・淡路大震災により宮川石器館に被害があり、一時休館となる。<br>兵庫県教委復興調査班より震災復興に伴う調査支援あり。復興調査では縄文時代後期の埋設土器四基が検出される。**（第150次調査）** |
| 二〇〇〇（平成12） | ７月31日、鴨神社境内地・市有地など遺跡の中心部約二・三㌶が国史跡に指定される。<br>８月５日、国史跡指定記念シンポジウム「二〇〇〇年遺産川西市加茂遺跡」が開催される。 |

# Ⅱ　加茂遺跡の概要

## 1　遺跡の立地

### (一) 位　置

兵庫県南西部から大阪府北西部に広がる摂津地方西部は通称西摂《せいせつ》地域とよばれる。西は六甲山地、北は北摂山地、東は千里丘陵に囲まれ、南は大阪湾に面した東西約一七キロ、南北約一五キロの沖積平野および洪積段丘の広がる地域である。阪神間ともよばれ、行政区域では兵庫県芦屋市、西宮市、尼崎市、伊丹市、宝塚市、川西市と大阪府豊中市、箕面市、池田市に分かれている。

この地域には、北摂山地に源流をもつ二大河川、猪名《いな》川と武庫《むこ》川が南流し、大阪湾に流れ込んでいるが、東部の猪名川と西部の武庫川の間は東西約四キロ、南北約八キロの広大な洪積段丘伊丹台地が広がる。加茂遺跡の位置は、この台地の北東端部で、猪名川が北摂山地より平野部に流れ出た地点の右岸にあたっている。

猪名川流域は遺跡の豊富な地域で、弥生時代遺跡としては本書で取り上げる加茂遺跡以外にも、木棺墓等の検出で注目を集めた尼崎市田能《たのう》遺跡を

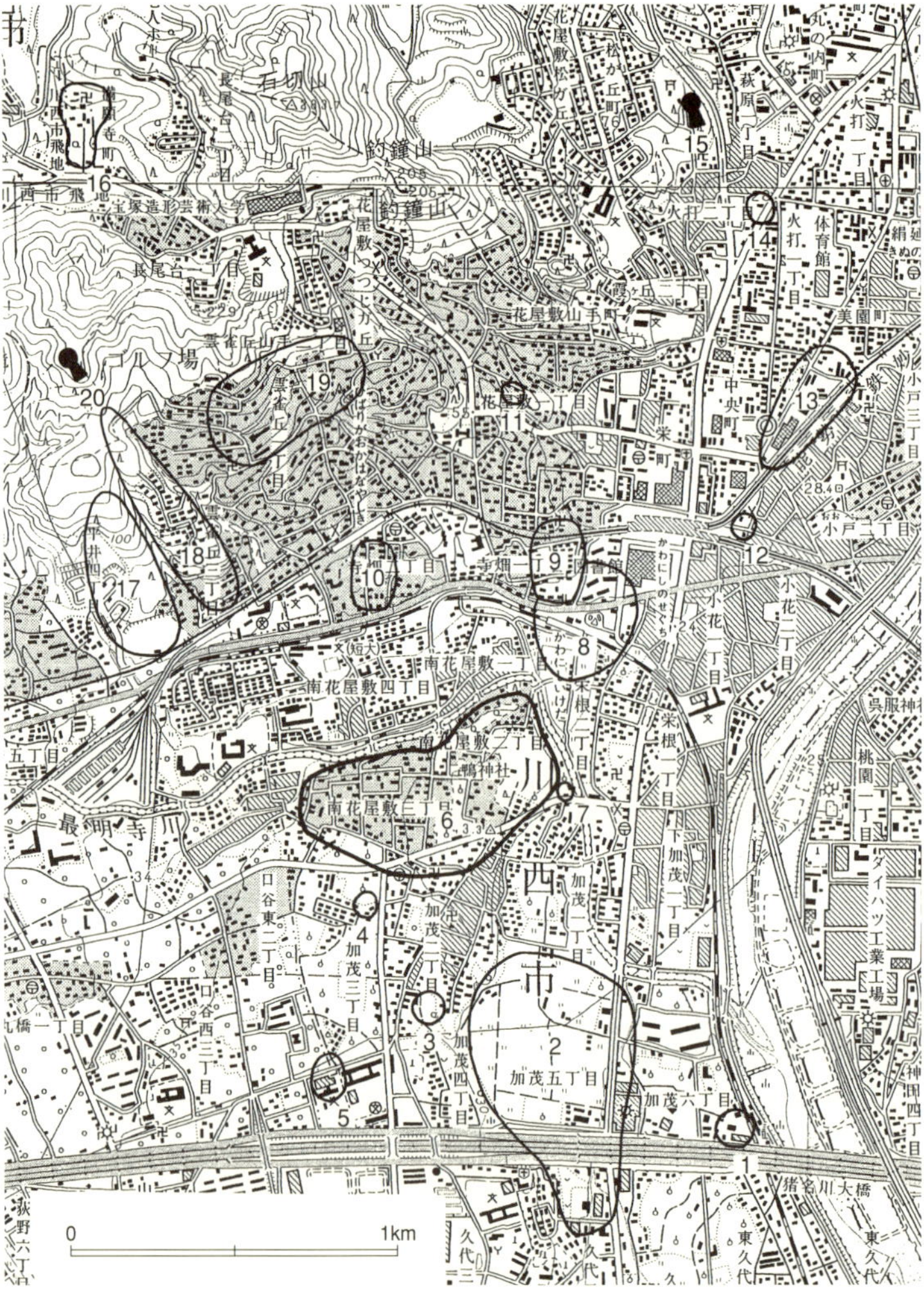


**図14　周辺遺跡分布図**

1：久代遺跡　2：下加茂遺跡　3：東大野遺跡　4：六つ塚遺跡　5：加茂西遺跡
6：加茂遺跡　7：栄根銅鐸出土地　8：栄根遺跡　9：栄根寺廃寺遺跡　10：寺畑遺跡
11：豆坂古墳群　12：小花石棒出土地　13：小戸遺跡　14：火打遺跡　15：勝福寺古墳
16：満願寺遺跡　17：雲雀山西尾根古墳群　18：雲雀山東尾根古墳群　19：雲雀丘古墳群
20：万籟山古墳

始め、豊中市勝部《かつべ》遺跡、池田市宮の前遺跡など研究史に残る著名な集落遺跡が多く分布している。また、古墳は前期では宝塚市万籟《ばんらい》山古墳、池田市茶臼山古墳、中期では伊丹市から尼崎市に及ぶ猪名野古墳群、豊中市桜塚古墳群、後期では宝塚市長尾山丘陵の後期群集墳、池田市鉢塚古墳等が分布している。古代寺院も多く見られ、伊丹市伊丹廃寺、尼崎市猪名寺廃寺、豊中市金寺山廃などが早くから知られている。

## (二)　立　地

猪名川右岸に沿って南北に約七キロ連なる伊丹台地東辺段丘崖の北端部は、北方の丘陵にはつながらず、東西に交差する活断層「有馬-高槻構造線」とその南側の付随断層が形成する南北幅約三〇〇メートルの陥没地形で途切れている。付随断層と段丘崖の交わる地点は鋭角状の台地突端部を形成するが、加茂遺跡の位置はちょうどこの突端部上になっている。

したがって、遺跡の東と北側は周辺の沖積地とは約二〇メートルの落差がある崖になっており、さらにその台地の裾には北方山中より流れ出た猪名川の支流最明寺川がめぐっているため、突端状の地形をさらに際だたせている。また、遺跡西端部でも北側の付随断層による崖が最明寺川に交わる細流に沿って南西方向に転じ、高さは五メートルほどに減じているものの崖地形を保っている。このため、遺跡の東・北・西側の三方は崖に囲まれた地形となっており、とくに北東側からのぞむとまるで独立した台地のように感じられる。これまでたびたび指摘してきた本遺跡の特色ある景観は、立地としてこのような地形変換点が選ばれているためである。

遺跡の範囲は、三方を崖に囲まれた東西約八〇

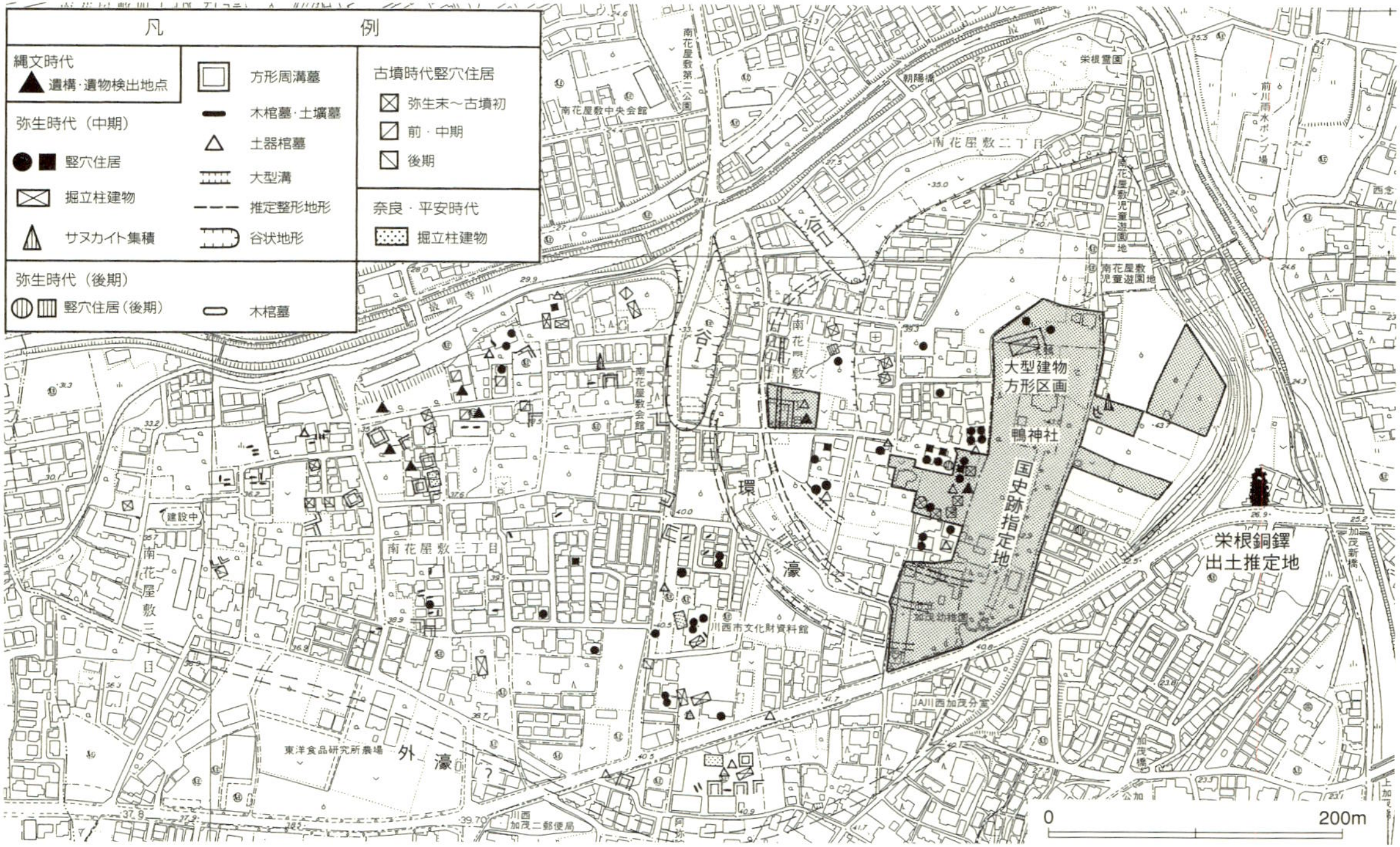


図15　加茂遺跡遺構検出状況図

〇メートル、南北約四〇〇メートルの東西に長い約二〇ヘクタールの広さの楕円形となっている。台地上は、東・北・西側の崖地形にくらべると大きな地形変化のない平坦地であるが、標高約四四メートルの遺跡東端部の鴨神社周辺を最高所として、南と西方向にゆるく傾斜し、遺跡西端部では約八メートル低くなっている。また、北側の崖には最明寺川に向かう谷状地形が二カ所形成されている。北側崖中央部の幅約四〇メートル、長さ約一三〇メートルの規模の大きい谷Iと、その東側一〇〇メートルの地点の幅約二〇メートル、長さ約八〇メートルの規模の小さい谷IIの二つであるが、後で述べるように集落防御を考える際の地形的要素となっている。

## (三)周辺の遺跡

　加茂遺跡の位置する台地と東側の猪名川との間に形成された南北に細長い沖積地や、北側の段丘・丘陵上には多くの遺跡が集中して分布している。加茂遺跡を知る上で、これらの周辺遺跡との関係は重要であり、ここでおもなものを紹介してみよう。

　加茂遺跡に劣らず早くから知られていたのは、北方丘陵上・段丘上の古墳である。なかでも、昭和初年に竪穴式石室が発見された前期の万籟山古墳や、一八九一(明治二十四)年の壁土採集時に偶然横穴式石室が開口し画文帯神獣鏡、六鈴鏡などが出土した勝福寺古墳等は早くから知られており、いずれも一九三五・一九三六(昭和九・十)年梅原末治らによる日本古文化研究所の調査が行われている。また、長尾山丘陵の雲雀丘から中山寺までの間約四キロの南斜面は後期群集墳の分布地区で、家形石棺を有する中山寺白鳥塚古墳や、終末期の小型横穴式石室や小石室の存在も著名なものとなっていた。

**図16**　栄根遺跡調査風景（第19次調査）

加茂遺跡と近接するこれらの古墳の関係は早くから論じられてきたが、沖積地に立地する集落遺跡の存在は永らく不明で、実態が明らかになるのはおよそ一九八〇年代以降を待たねばならなかった。一九七九（昭和五十四）年から始まる国鉄福知山線複線化工事や川西池田池駅建設にともなう調査で発見された栄根《さかね》遺跡は、その後の川西能勢口駅前再開発にともなう調査で実態が明らかになっていった遺跡である。その一連の調査では、弥生時代前期・中期の小集落が、弥生時代後期後半から古墳時代にかけて規模が大きくなり、奈良・平安時代まで継続したことが明らかになっている。また、集落が営まれる微高地や低地の水田・自然河川などの集落を取り巻く環境等も明らかになり、自然堤防による凹凸に富んだ弥生時代の地形が、古墳時代から奈良時代にかけて堆積により平坦化していく過程も明らかにされた。なお、自然河川からは弥生時代後期の紡錘・梯子や、古墳時代の木舟・木製扉、奈良時代の墨壺などの豊富な木製品も出土している。

沖積地の集落遺跡は、その後県道拡幅工事にともなう調査で下加茂遺跡が、川西市庁舎建設や能勢電鉄高架工事にともなう調査で小戸《おおべ》遺跡などが明らかになっていった。いずれも弥生時代前期・中期には小集落であり、弥生時代後期から古墳時代に集落規模が拡大し、奈良・平安時代までつづくという、栄根遺跡の場合と同様な傾向もわかってきている。

加茂遺跡との位置関係については、とくに栄根遺跡が近接しており、最も近い部分では加茂遺跡の台地裾を流れる最明寺川との距離がわずか五〇〇メートルにすぎない。下加茂遺跡は南東方向約五〇〇メートル、小戸遺跡は北東方向約一キロの距離であるが、小戸遺跡との距離も加茂遺跡の弥生時代中期集落規模が東西で八〇〇メートルであることと比較すれば、さほどの隔たりは感じられない。このように、およそ一キロ以内の近距離で、時期的にも併存する複数の近接集落跡が明らかになったことから、大規模とはいえ加茂遺跡を孤立した存在として考えることが困難となってきた。

次節では加茂遺跡の変遷を述べるが、これらの近接集落遺跡や古墳との関係も重要であり、あわせて見てみることにしたい。

## 2　加茂遺跡の変遷

### (一)　旧石器時代

加茂遺跡では、従来より宮川石器館所蔵資料などの採集資料にナイフ形石器などの旧石器の存在することが知られていたが、近年の発掘調査でナイフ形石器（第一五〇次調査）、楔形石器（第一

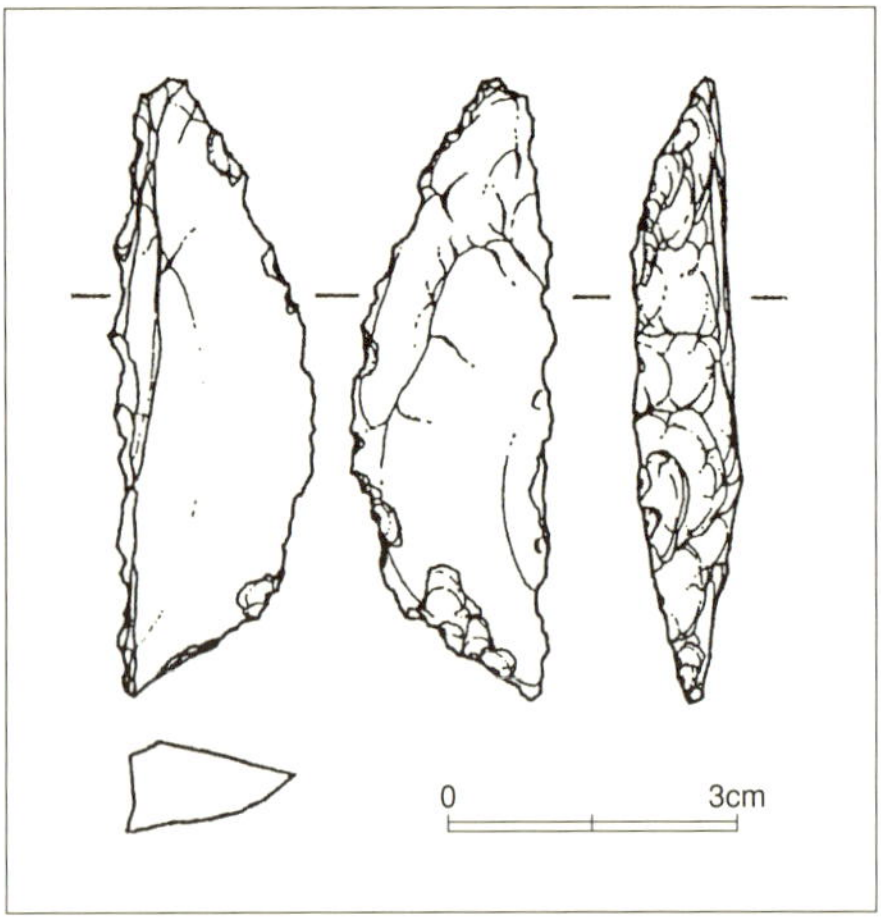


**図17**　国府型ナイフ形石器（第150次調査）

五三次調査）、翼状剥片（第一七三次調査）等が出土している。いずれも弥生時代の遺物包含層や遺構に混じって出土したもので、今のところ旧石器時代の遺物包含層や遺構は見つかっていない。後の縄文・弥生時代以降の遺構は、約八万年前に形成されたといわれる洪積台地の地山直上で検出されているが、これも後世いくらかの浸食を受けた状態のものと思われるので、旧石器時代の遺物包含層や遺構が遺存する可能性は低い。しかし、旧石器時代から縄文時代の間に大きな浸食があったとすれば、旧石器が出土するわけはないので、遺構検出については今後の調査に期待したい。なお、発掘調査での旧石器出土地点は調査数の多い遺跡西部に集中するが、採集資料については東部の鴨神社周辺で採集された可能性が高く、遺跡内での特定地区を限定するにはいたっていない。

### （二）縄文時代

縄文時代の遺構と遺物は、遺跡西部の第四四次調査地点で初めて後期の土器とピットが検出された。以後、その周辺の第五六・八六・一二一・一四一・一五〇次調査で相次ぎ後期初頭から前半の遺構および遺物が検出されている。その範囲は、

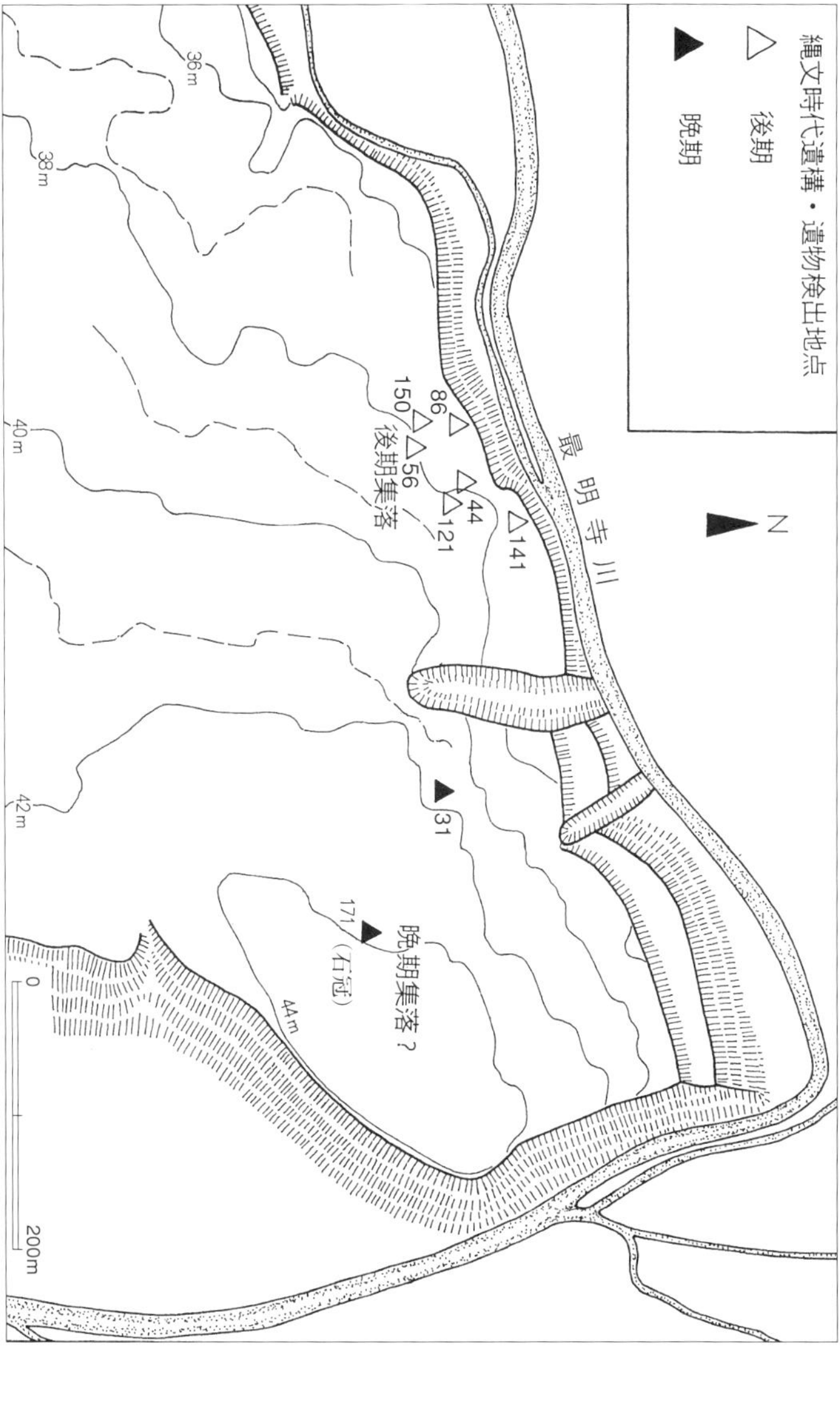


**図18**　縄文時代集落構成図

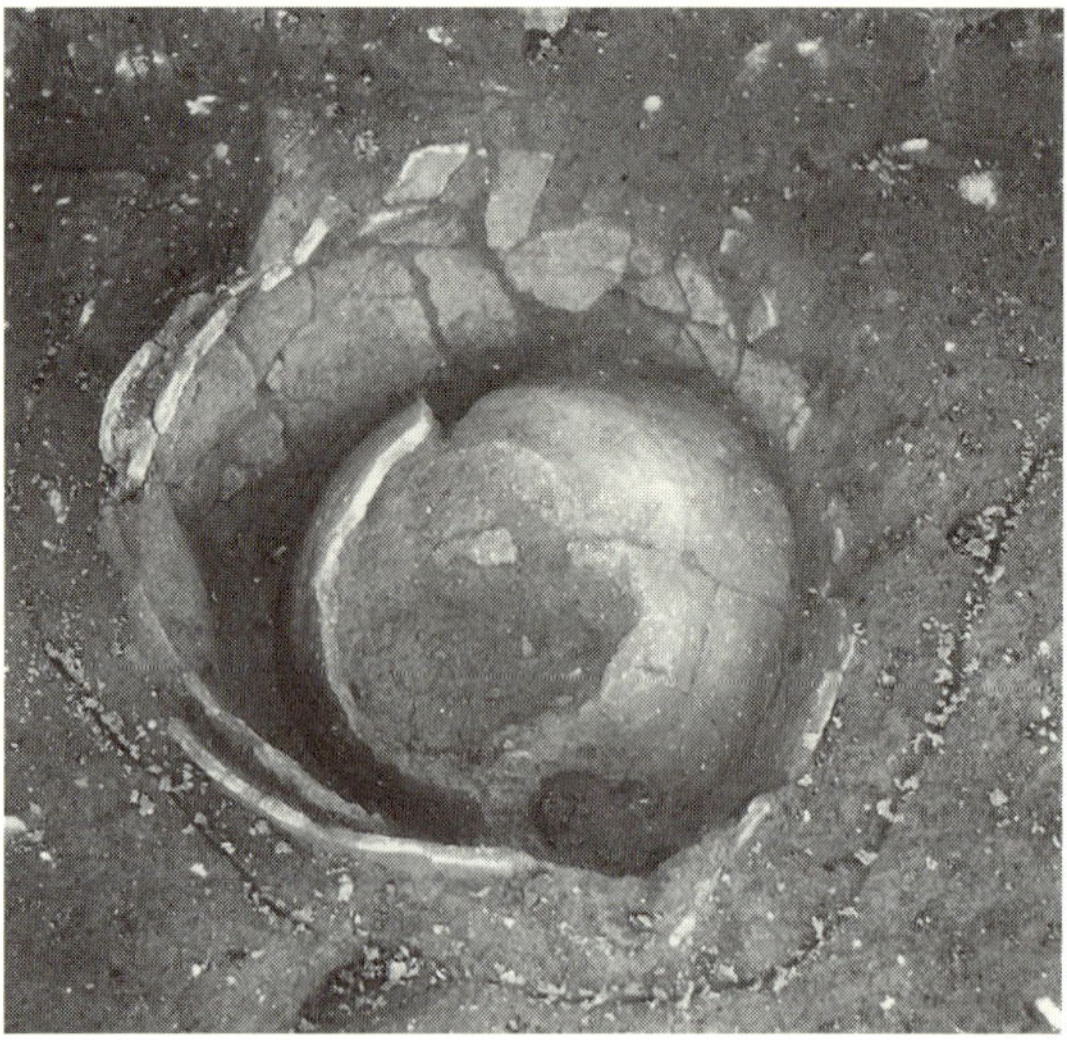

**図19**　埋設土器（第150次調査）

遺跡西部の北側崖沿いの東西一二〇メートル、南北五〇メートルの区域にかぎられており、〇・五ヘクタールほどの小規模な集落であったことがわかってきた。遺構は、ピット（第四四次調査）、土坑（第一二一次調査）、埋設土器四基（第一五〇次調査）などで、今のところ住居はみつかっていない。第一五〇次調査で検出された埋設土器遺構の一つは、直径四七センチの土坑内に、浅鉢を蓋にした状態で深鉢が埋納されており、これらの埋設土器は土器棺と推定されている。なお、縄文時代後期集落の地点は、弥生時代中期集落の墓地と重複するものの、年代が離れており継続性はないと判断される。

一方、遺跡東部では縄文時代晩期末の土坑一基（第三二一次調査）が検出され、同時期の遺物と考えられる石冠《せっかん》一個（第一七一次調査）も弥生時代後期の遺構に混入して出土している。石冠は、鴨神社境内地西側隣接地で出土したもので、流紋岩質凝灰岩製の球頭状突起をもつ型式である。この型式は、近畿地方でも他に滋賀県北迎西海道《きとげにしかいどう》遺跡しか出土例がないめずらしいもので、分布の中心となる岐阜県飛騨地方などからの交易によりもたらされたものと推定される。これらの資料をもって、縄文時代晩期集落を想定することは現状では困難であるが、今後未調査地区の広がる鴨神社境内地とその東側の地区の調査で検討すべき課題となっている。

　このほか、遺跡東部の第三一・一七一次調査地点周辺では、形が不定形で遺物がまったく出土せず、堆積土も弥生時代の遺構と異なる土坑が少なからず検出されている。晩期の土器が出土したのは第三一次調査の土坑だけであるが、石冠出土地点も含めて近接地点であることから、この時期の土壙墓群の可能性も考えている。

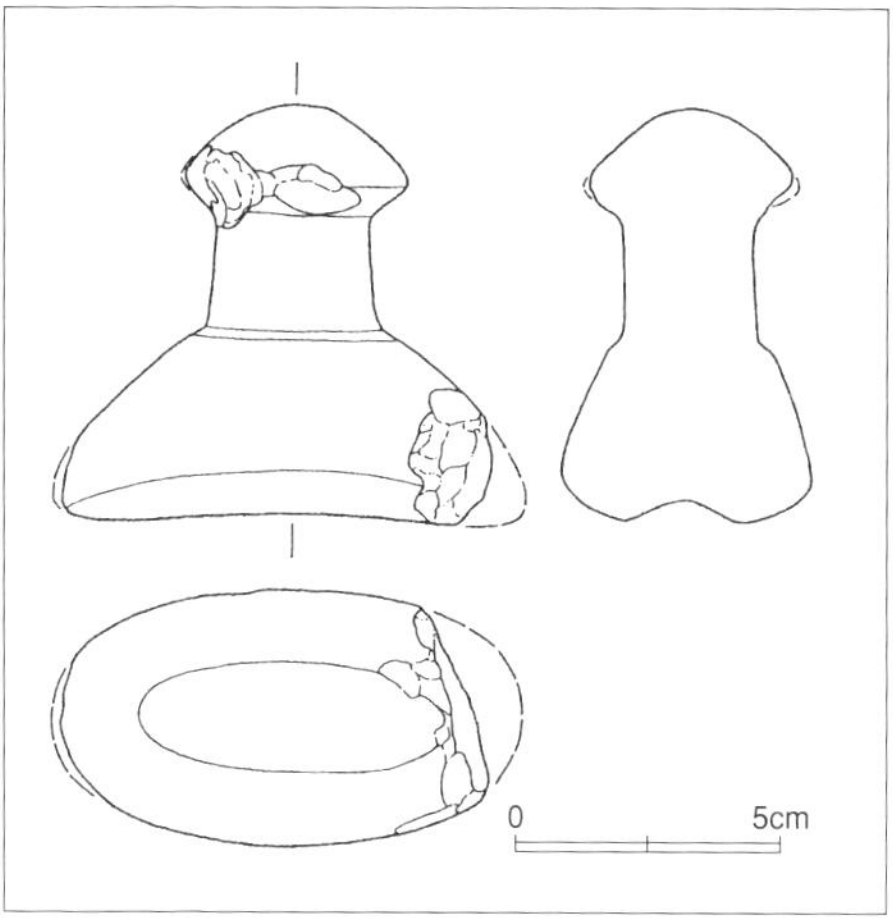

**図20**　石冠（第171次調査）

　なお、周辺遺跡では栄根遺跡と下加茂遺跡で少量であるが縄文時代晩期末の土器が出土している。いずれも集落遺構の確認まではいたっていないが、次に述べる弥生時代前期集落と重複することは注目される。

## （三）弥生時代前期

　加茂遺跡では、弥生時代前期の遺構・遺物は確認されていない。前期の可能性のある土器小片例もあるが、明確な資料を確認するにはいたっていないのが現状である。

図21　栄根遺跡弥生前期土器出土状況

この時期の遺物は、むしろ沖積地に立地する栄根遺跡・小戸遺跡・下加茂遺跡で出土している。ただし、明確な資料は栄根遺跡第六次調査で幅約一・七メートル、深さ約〇・六メートルの規模の溝から前期末（第Ⅰ様式新段階）の完形壺一点が出土したのみである。検出された地点は西部微高地上にあたるが、この後弥生時代後期後半から古墳時代にかけて集落遺構が顕著になる東西二つの微高地上のうち同微高地上に集落が営み始められたのであろう。他の二遺跡は、いずれも土器の出土以外集落遺構はよくわかっていないが、栄根・小戸・下加茂の三遺跡で稲作を営む小規模集落が現れたものと考えられる。いずれも弥生・古墳時代へと継続する集落遺跡であるが、弥生時代前期からすでに一群をなして現れたことは、当地域の集落形成過程や加茂遺跡での大規模集落形成前史として注目されよう。

## （四）弥生時代中期

加茂遺跡の弥生時代中期集落は中期初頭（第Ⅱ様式期）から始まる。集落形成の母体と考えられるのは、近接する栄根・小戸・下加茂遺跡など弥生時代前期から形成されていた集落群と考えるのが妥当であろう。

かつての採集資料の大半は弥生時代中期のものであったが、その後の発掘調査でも検出遺構や出土遺物量は弥生時代中期のものが圧倒的に多く、この時期が本遺跡の最盛期であったことには変わりがない。中期中頃から後半にかけて（第Ⅲ・Ⅳ様式期）集落規模が約二〇ヘクタールと大規模になり、居住区・墓地・環濠などの集落構造が明らかであることは本遺跡調査成果の特徴であるが、次章で詳しく述べたい。

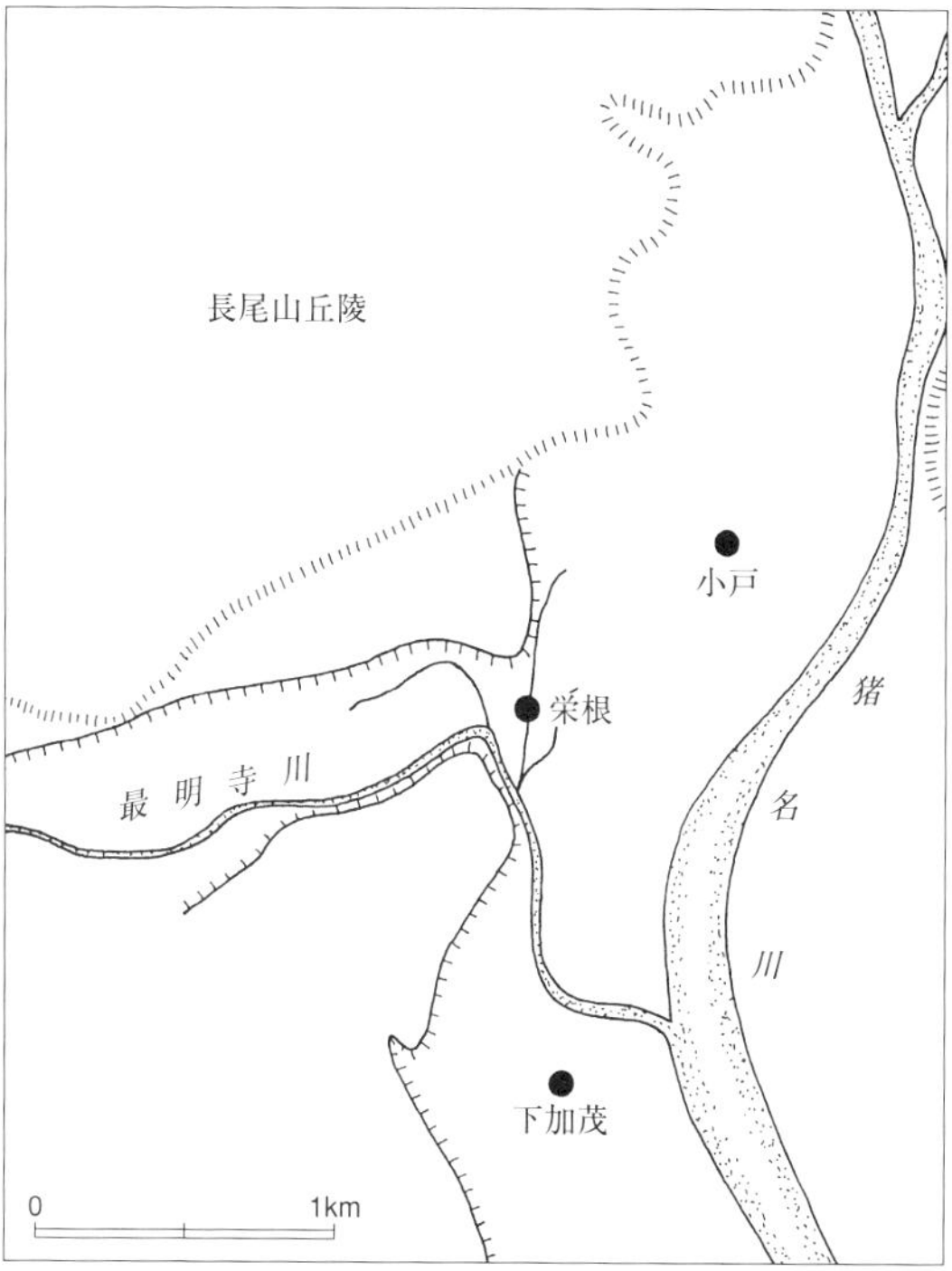


図22　弥生時代前期の周辺遺跡

なお、近接する沖積地の三集落も中期にも継続し、加茂遺跡と併存していた。栄根遺跡では前期と同じ西部微高地上の北部で、方形周溝墓二基、南部で木棺墓・土壙墓が五基、土器棺墓一基が検出されている。下加茂遺跡でも微高地上で方形周溝墓が二基検出されているが、両遺跡とも墓跡のみの検出しかなく、住居跡は現在のところ検出されていない。中期の遺物出土だけが確認されている小戸遺跡も含めて、い

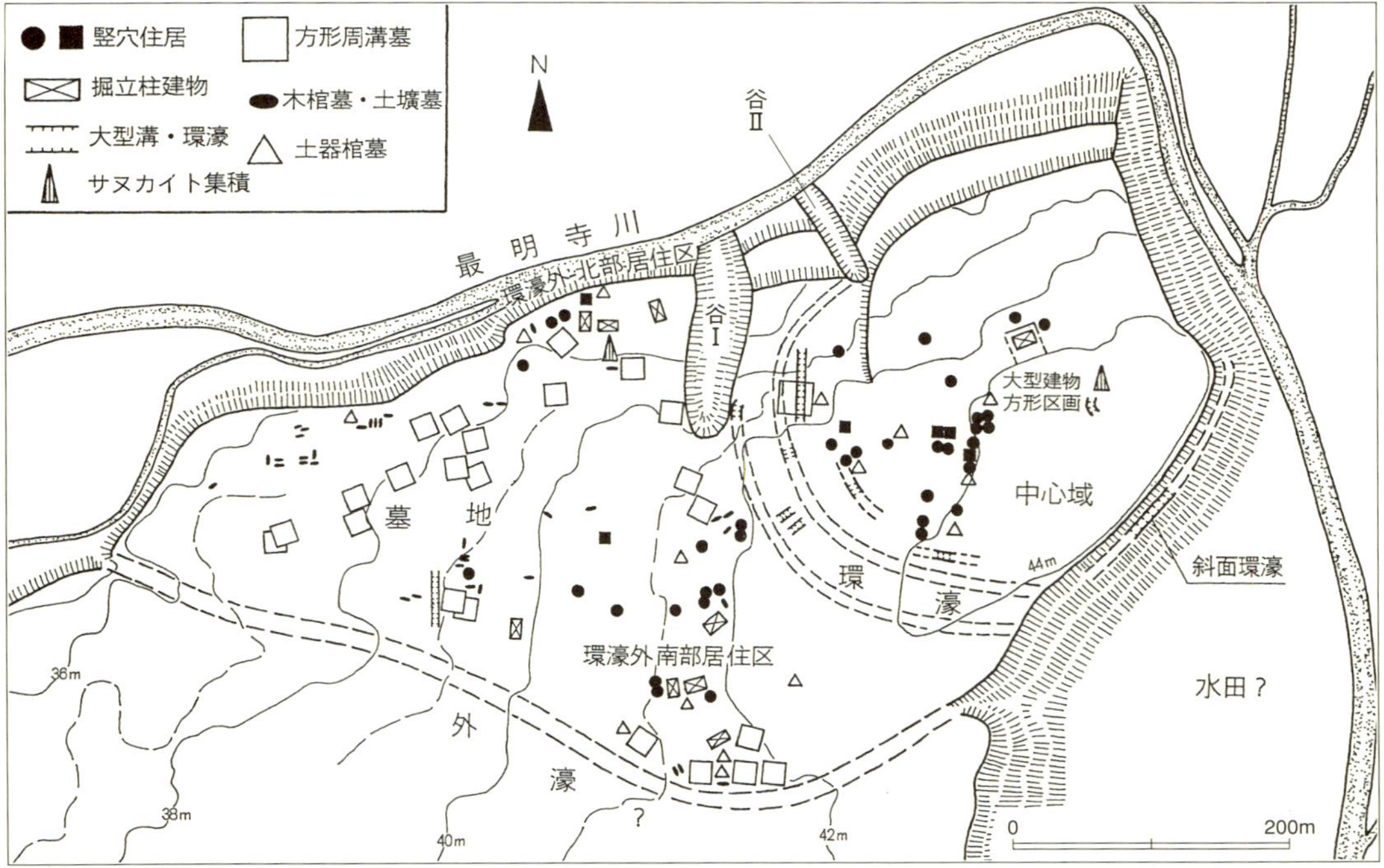


**図23**　弥生時代中期集落構成図

ずれも小規模集落であったと考えられるが、加茂遺跡とともに小地域社会を形成する集落群であり、加茂遺跡の大規模化と関係するものと見られる。このことについては、後ほど見てみることにしたい。

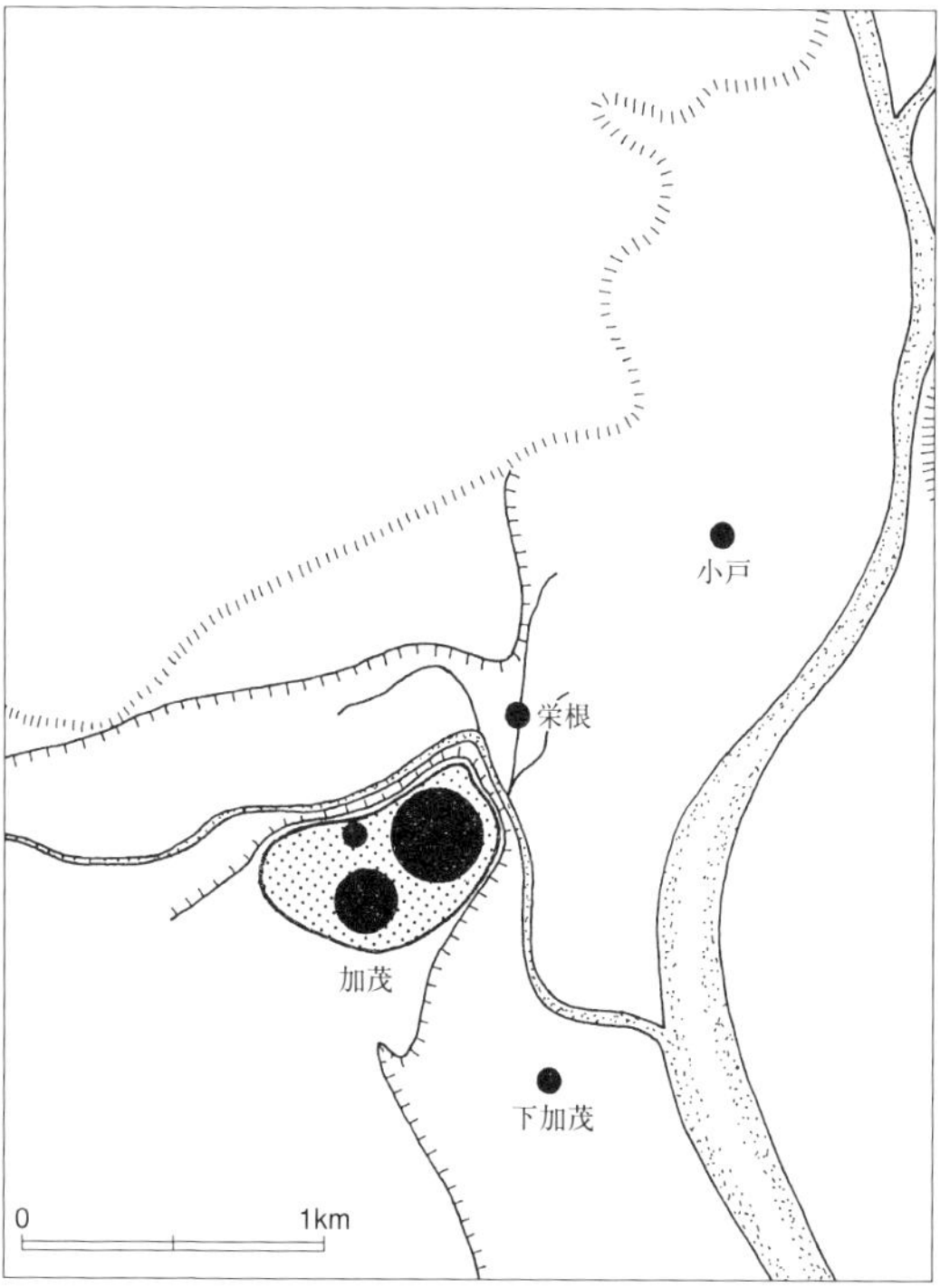


**図24**　弥生時代中期の周辺遺跡

## （五）弥生時代後期・終末期

弥生時代後期になると、遺構・遺物量が急に少なくなる。これは、宮川石器館所蔵資料からも指摘されていた傾向であるが、発掘調査の進展で集落縮小の実態が明らかになってきている。集落縮小直後の後期前半の状況は明らかでないが、後期後半から終末期にかけての竪穴住居は東西に分かれて検出されている。とくに遺跡東部は、鴨神社周辺の第五九・一〇七・一四九・一七一・一七八・一八九次調査で円形二軒、方形八軒、多角形一軒、合計一一軒の竪穴住居が検出されている。これらの検出地点は、現状では鴨神社西側の南北に

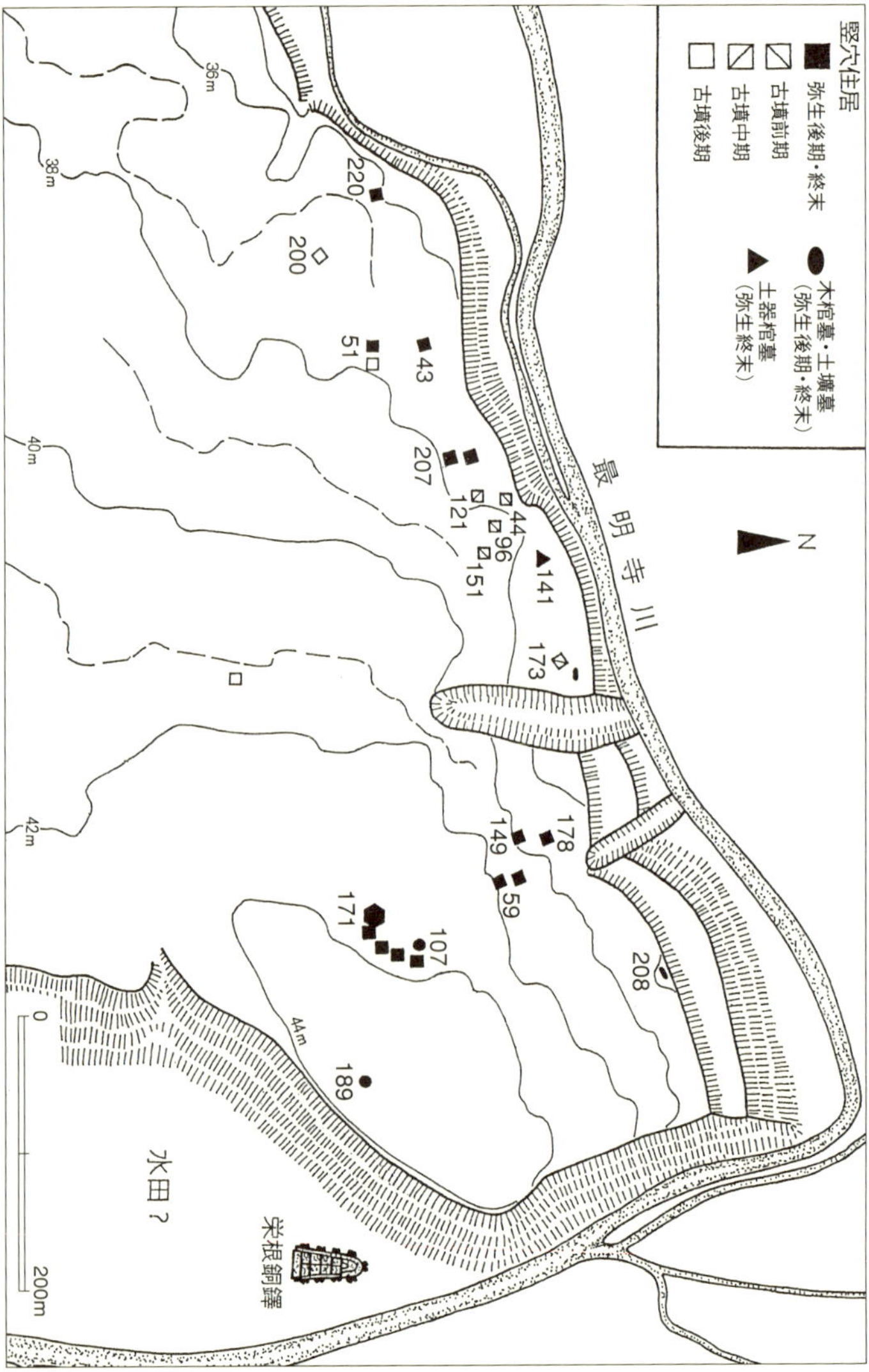


図25　弥生時代後期・終末期〜古墳時代集落構成図

**図26**　屋内高床部をもつ竪穴住居（第43次調査）

細長く延びているが、鴨神社境内地およびその東側の畑地がほとんど未調査状態であることを考慮すると、およそ三ヘクタルほどの比較的大規模な居住区であったと考えられる。位置としても中期の大規模集落中心域を継承するもので、中期集落が衰退したとは一概にいえないような状況である。

これに対して、遺跡西部では第四三・五一・二〇七・二二〇次調査で方形竪穴住居が五軒検出されている。検出地点は、遺跡西部北寄りの二軒（第二〇七次調査）と約一〇〇メートル離れた西端部の三軒（第四三・五一・二二〇次調査）に分かれ、散在的なあり方をしている。今後の調査でも東部の居住区に匹敵する住居群を検出することは期待できず、東部居住区に対して下位の関係をうかがうことができる。

竪穴住居の形もこの時期の大きな変化の一つである。竪穴住居の形式は、円形二軒、方形一三

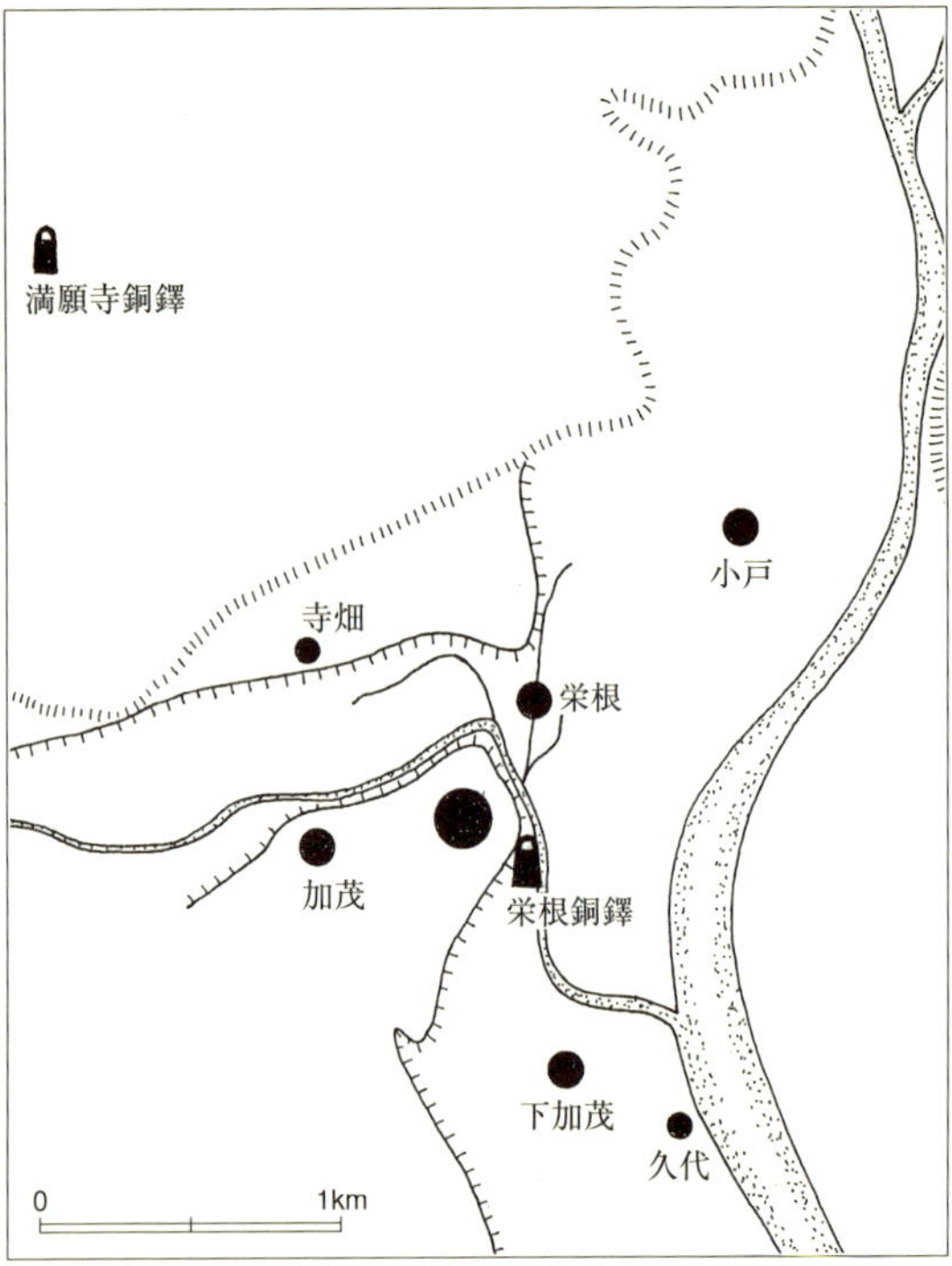


**図27**　弥生時代後期・終末期の周辺遺跡

軒、多角形一軒に分かれるが、中期では主であった円形が後期後半から終末期にかけて一辺五～六メートルの規模の方形住居に変化している。また、この時期の住居の特徴としては、屋内の周辺が一段高くなる高床部をもつ住居が七軒検出されている。高床部のあり方は、第四三次調査の住居のように三辺にコの字状にめぐるものが多いが、第二〇七次調査の住居では四辺ともめぐる可能性がある。第一七一次調査の多角形住居も全体の形状は明らかでないが、少なくとも二辺に高床部をもっている。これらの整然とした屋内高床部や多角形住居はこの時期にかぎられ、古墳時代へは継続されていない。

　大規模集落縮小後の居住区については明らかになってきたが、墓地についてはよくわかっていない。今のところ遺跡東部の北端で木棺墓一基と土壙墓数基（第二〇八次調査）、西部の北端部で土壙墓一基（第一七三次調査）と土器棺墓一基（第一四一次調査）が検出されていることから、東部と西部の居住区ごとにそれぞれ北側に墓地が営まれていた可能性が考えられる。しかし、中期の墓地が後期に継承された形跡が見られないことや、後期の方形周溝墓が未確認であることなど、問題点が多い。

以上のように、加茂遺跡では後期になり集落が縮小するなど大きく変化したが、周辺の集落群でも大きな変化が見られる。それは、栄根遺跡で八軒、小戸遺跡で七軒、この時期の竪穴住居が検出され、下加茂遺跡でも出土遺物よりこの時期の住居群の存在が推定されるなど、それぞれの集落規模が充実する動きである。とくに、栄根遺跡では中期は西部微高地上に方形周溝墓や木棺墓などが見つかっているだけで集落状況は不明であったが、後期後半から東西二カ所の微高地上に竪穴住居群が現れることが明らかになっている。また、このほか遺物採集のみで明確ではないが、寺畑遺跡と久代《くしろ》遺跡もある。このような周辺集落の動きは、加茂遺跡の縮小化と表裏一体のものであると考えられる。

## (六) 二つの銅鐸

明治四十四年に遺跡の東側崖下で出土した栄根銅鐸は、弥生時代後期のものである。銅鐸としては最末期式の突線紐5Ⅱ式に区分され、後期でも末期のものであろう。同型式で最大の滋賀県小篠原大岩山銅鐸の高さ一三四・七チ《セン》には及ばないが、復元高一一四チ《セン》の全国的にも最大クラスの部類に入る。これまで加茂遺跡と近接地点の出土にもかかわらず、集落衰退期と本銅鐸との不自然さが指摘されてきたが、先に述べたように中期集落中心域を継承したある程度の規模をもつ集落の存在もわかってきており、加茂遺跡の後期集落に直接関係するものと見るべきであろう。

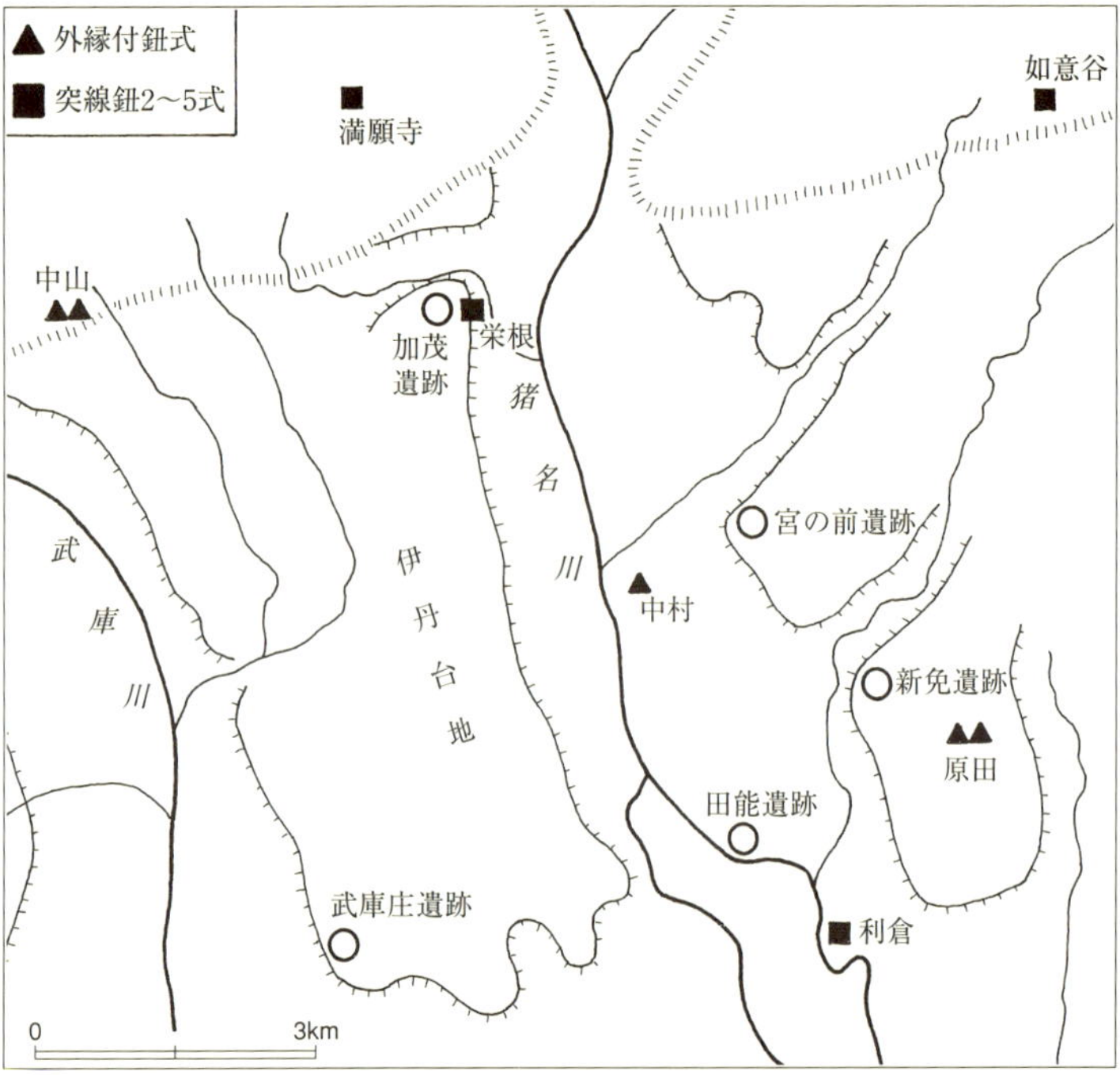


**図28**　周辺地域の銅鐸と主要遺跡

近くの銅鐸としては、もう一つ北方丘陵中から高さ六三センチの満願寺銅鐸（突線紐2式）が出土している。江戸時代の文政年間（一八一八～三〇）の初め頃、満願寺山中から出土したと伝えられる銅鐸で、現在は個人所蔵で大阪城天守閣に寄託されている。満願寺は、加茂遺跡北方丘陵中の小盆地に所在する少なくとも平安時代後期までさかのぼる寺院であり、現在も法灯を伝えている。銅鐸は、小盆地内のいずれかから出土したものと推定されるが、加茂遺跡からの距離が二キロにすぎないことや、台地裾を流れる最明寺川の源流であることを考慮すると、加茂遺跡に関係する銅鐸と見てまちがいないであろう。銅鐸の時期は、中期末か後期初め頃で、加茂遺跡の中期大規模集落が縮小を始める頃にあたっている。

このほか近隣では、古い型式の外縁付鈕式《がいえんつきちゅうしき》銅鐸が西方約四キロの宝塚市中山と南東方約四キロの伊丹市中村、南東約七キロの豊中市原田で出土しているが、新しい型式の突線鈕式銅鐸も東方約六キロの箕面市如意谷（突線鈕3式）と南東約七・五キロの豊中市利倉（突線鈕3式・飾耳片）で出土している。突線鈕式銅鐸例では、東方に約二〇キロ離れるが高槻市天神山でも同2式と4式の銅鐸が出土しており、北摂山地南縁部に沿った分布傾向が見られる。突線鈕2式以降の新しい型式の銅鐸は、滋賀県や和歌山県、徳島県など畿内の周辺部で出土する例が多いが、この近辺は畿内でも数少ない新式銅鐸の分布地域となる。なかでも栄根銅鐸が最末期型式で最大級のものであることは、加茂遺跡との関係において興味深いことである。

### （七）古墳時代

古墳時代の竪穴住居は、弥生時代後期・終末期の西部居住区を継承するかのように、遺跡西部の北端部崖際に前期・中期のものが五軒（第四五・九六・一二一・一五一・一七三次調査）検出されている。また、これと離れて遺跡中央部（第五五次調査）で一軒と西端部で二軒（第五一・二〇〇次調査）、後期の住居が検出されている。しかし、住居の在り方は全体に散在的である。

これに対して、弥生時代後期・終末期にある程度の集落規模を残していた遺跡東部では、今のところ古墳時代の竪穴住居はまったく検出されていない。これまで発掘調査がほとんど行われていない鴨神社東側で、大正時代に須恵器を採集したという笠井新也の報告からすると、このあたりに古墳時代後期の居住区が存在する可能性は高いと考えられるが、弥生時代後期・終末期に推定した約

**図29**　古墳時代竪穴住居（第44次調査）

三ヘクタールの規模は維持していなかったものと推定される。このような状況であるため、もはや東西両居住区が一つの集落としてのまとまりを維持していたとはとうてい考えることはできない。なお、鴨神社東側における笠井の採集遺物には玉の石材や未成品が報告されており、玉作り工房が存在した可能性が考えられる。また、墓地については東西居住区とも検出されておらず、不明である。

一方、周辺沖積地の各遺跡では、弥生後期・終末期からの集落が継続している。とくに栄根遺跡では、住居群の立地する微高地や、水田、自然河川など集落を取り巻く環境が明らかになっており、河川からは木舟や扉など多種類の木製品が出土している。また、小戸遺跡では古墳時代前期の鉄滓が出土し、集落内での鉄製品の鍛造生産が裏づけられるなどの調査成果が得られている。各集落の竪穴住居検出数を比較すると、加茂遺跡八軒に対して、栄根遺跡九軒、小戸遺跡一〇軒、下加茂遺跡五軒となり、弥生時代後期・終末期まで維持されていた加茂遺跡の優位性は、まったくうかがわれない状況である。

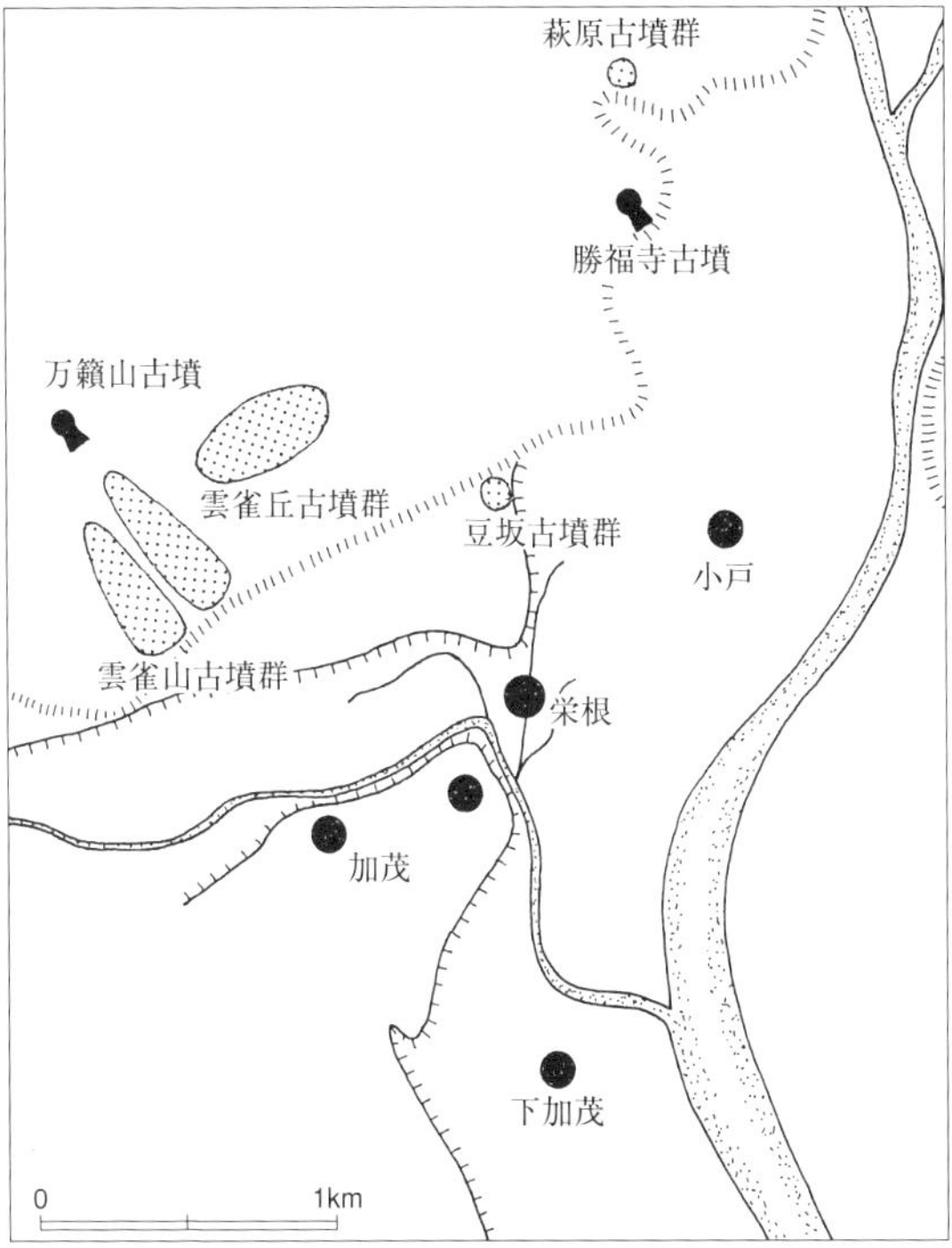


図30　古墳時代の周辺遺跡

古墳は、先に紹介したように前期の万籟山古墳と後期の勝福寺古墳のほか、後期群集墳の雲雀丘古墳群などが近辺に存在する。万籟山古墳は、加茂遺跡の北方約一・五キロの標高約二〇〇メートルの丘陵上に位置する長さ五四メートルの前方後円墳で、加茂遺跡からもよく眺めることができる。後円部に長さ六・八メートルの竪穴式石室をもつことで早くから知られており、発掘調査は行われていないが、管玉・小玉・鉄器片・埴輪などが出土したほか、四獣鏡・石釧の出土が伝えられている。

勝福寺古墳は、加茂遺跡の北方約二キロの段丘上に位置する六世紀初め頃の古墳である。一八九一（明治二十四）年、壁土採取時に後円部の横穴式石室が開口し、画文帯神獣鏡、六鈴鏡、銀

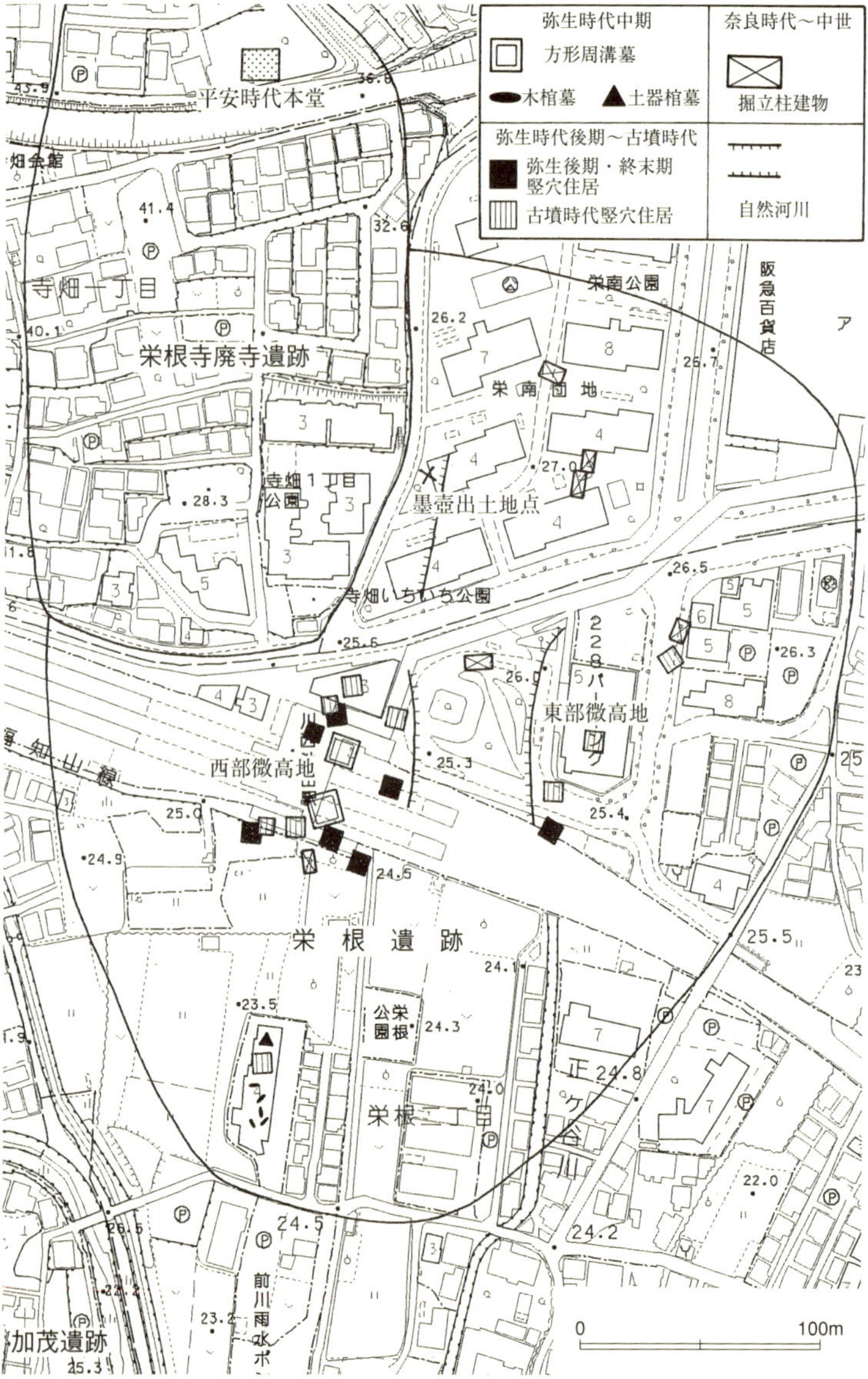


図31　栄根遺跡・栄根寺廃寺遺跡遺構検出状況図

**図32**　勝福寺古墳

象嵌竜文刀などの副葬品が出土した。墳丘の崩落が激しいため、墳形などに不明な点が多かったが、最近の川西市教育委員会と大阪大学考古学研究室の調査によって、全長四〇メートルの前方後円墳であることや、後円部に第二横穴式石室をもつこと、前方部に南北二つの木棺をもつことなどが明らかになっている。

　これらの二古墳は、加茂遺跡の所在する遺跡群内に含まれるもので、規模からしても当小地域社会を統括する首長墳にあたると考えられる。なかでも勝福寺古墳は、小地域の首長墓とはいえ、主体部が畿内でも初期の横穴式石室を採用していることや優れた副葬品などから、時期的にみて継体大王期に活躍した首長ではないか考えられる。ただし、首長の居住した集落が、これまで把握している四集落遺跡のいずれかになるのか、また未確認の居館集落が存在するのかは不明である。なお、集落遺跡でも小戸遺跡からは前期の円筒埴輪、栄根遺跡からは中期の円筒埴輪や家形埴輪片が出土している。小戸遺跡の埴輪は万籟山古墳の埴輪の可能性もあるが、栄根遺跡の埴輪は該当時期の古墳がなく、未確認の中期古墳が存在する可能性が高い。

　後期群集墳は、万籟山古墳の立地する丘陵南斜面に雲雀丘古墳群、雲雀山古墳群、平井古墳群など古墳時代後期から終末期にかけての横穴式石室を有する小円墳がおよそ二〇〇基も分布している。この半数以上は、終末期の小型横穴式石室や小石室で、終末期の群集墳として注目されているものであるが、基数が多いことから加茂遺跡の所属する小地域に対応するものか否かは不明である。

## （八）奈良・平安時代

　加茂遺跡の集落遺構は、奈良・平安時代までたどることができ、奈良時代の建物が二棟、平安時代の建物が一棟検出されている。奈良時代の遺構は、遺跡中央部南端部の第一五三次調査で掘立柱建物一棟、中央部の第一二〇・五五次調査で掘立柱建物一棟と土坑・溝などが検出されており、二地点の居住地が確認されている。第一五三次調査の建物は、梁間二間（四・六メートル）、桁行三間（六・三メートル）の身舎に庇が東側（二・二メートル）と南側（二・五メートル）の二面に付く東西棟の建物で、奈良時代後半から平安時代初頭頃のものと考えられる。第一二〇次調査の建物は、全体規模は不明であるが、隣接する第五五次調査の土坑、溝とともに奈良時代前半から中頃のものと考えられる。

　平安時代の遺構は、遺跡西部の第五六次調査で平安時代後期の掘立柱建物一棟と土坑が検出され

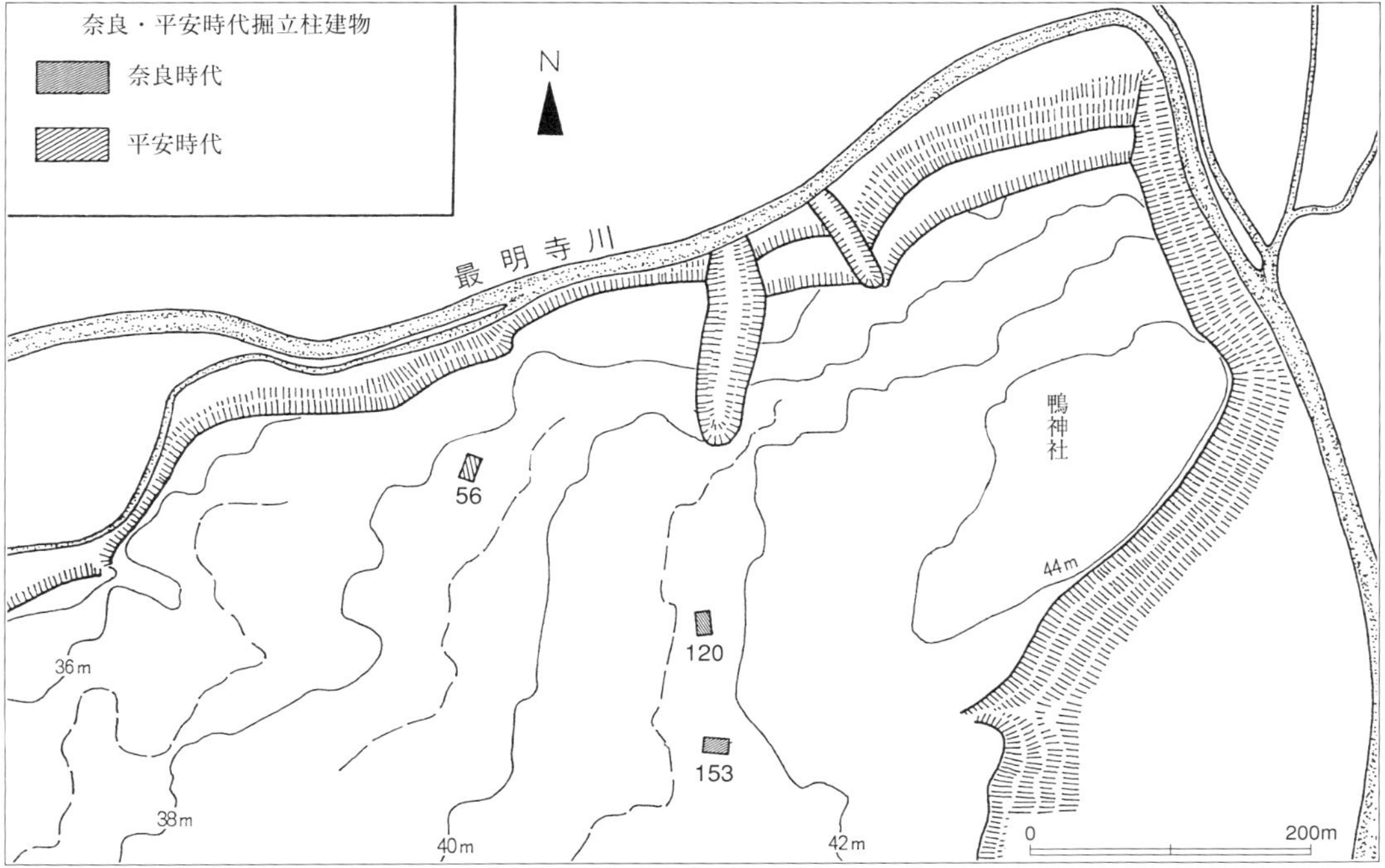


図33　奈良・平安時代集落構成図

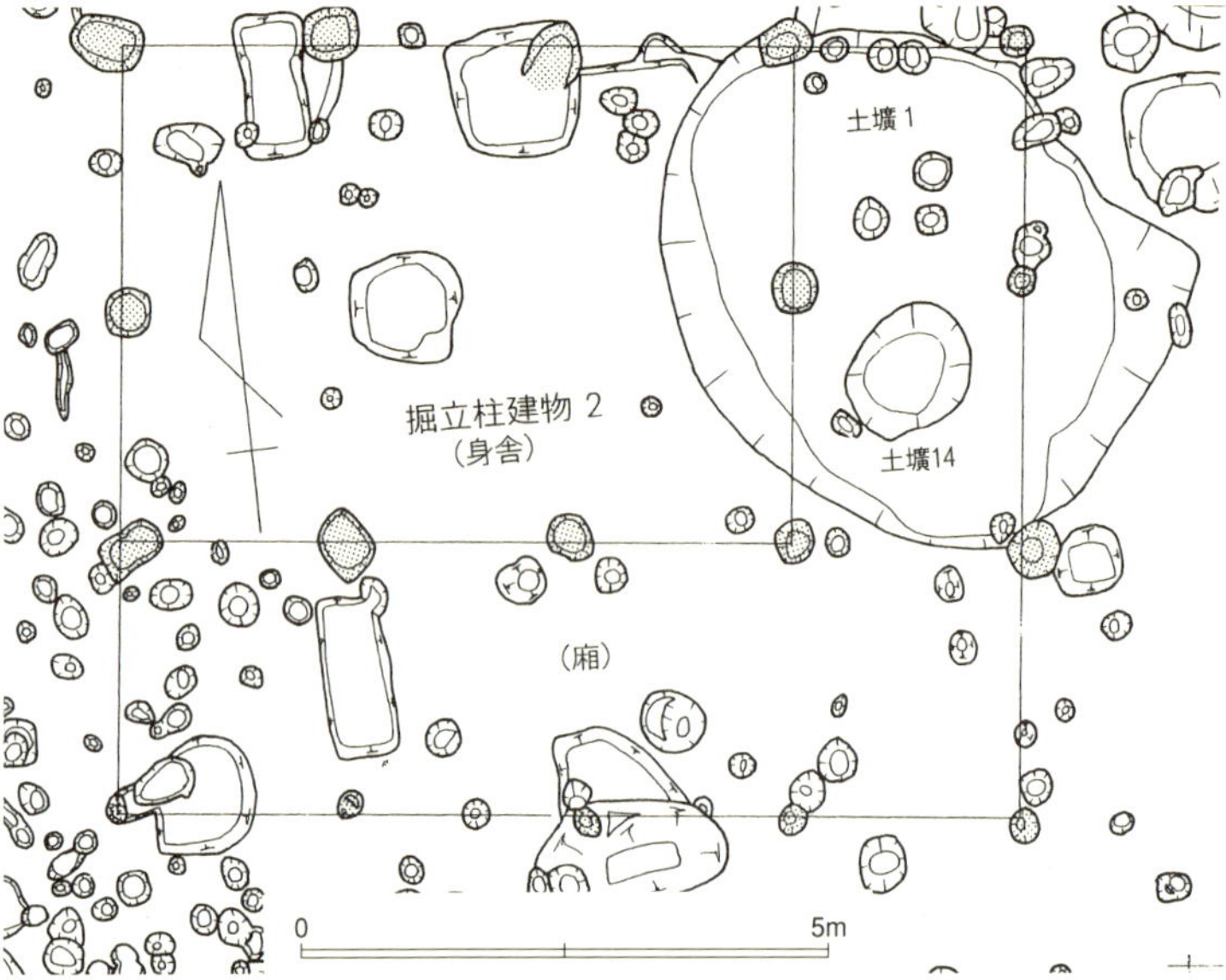


図34　二面庇をもつ掘立柱建物（第153次調査）

ている。掘立柱建物は、東西三間（六・七メートル）以上、南北四間（八・七メートル）以上の総柱建物で、床が張られていたものと考えられる。

奈良・平安時代の遺構検出地点は、古墳時代の居住区とくらべると位置も異なり、さらに散在的な在り方をしていることなど、古墳時代からの継続性は感じられない。なお、遺跡東部に現存する鴨神社は、『延喜式神名帳』の川辺郡七座のうちに見える「鴨神社」に該当すると考えられている。社殿遺構は確認されておらず、現在の位置かどうかは明らかでないが、奈良・平安時代頃より遺跡東部あたりに存在したと考えるのが妥当であろう。

周辺集落では、三集落がこの時代にも継続している。奈良・平安時代の掘立柱建物は、栄根遺跡で五棟、小戸遺跡で四棟、下加茂遺跡で九棟検出されている。

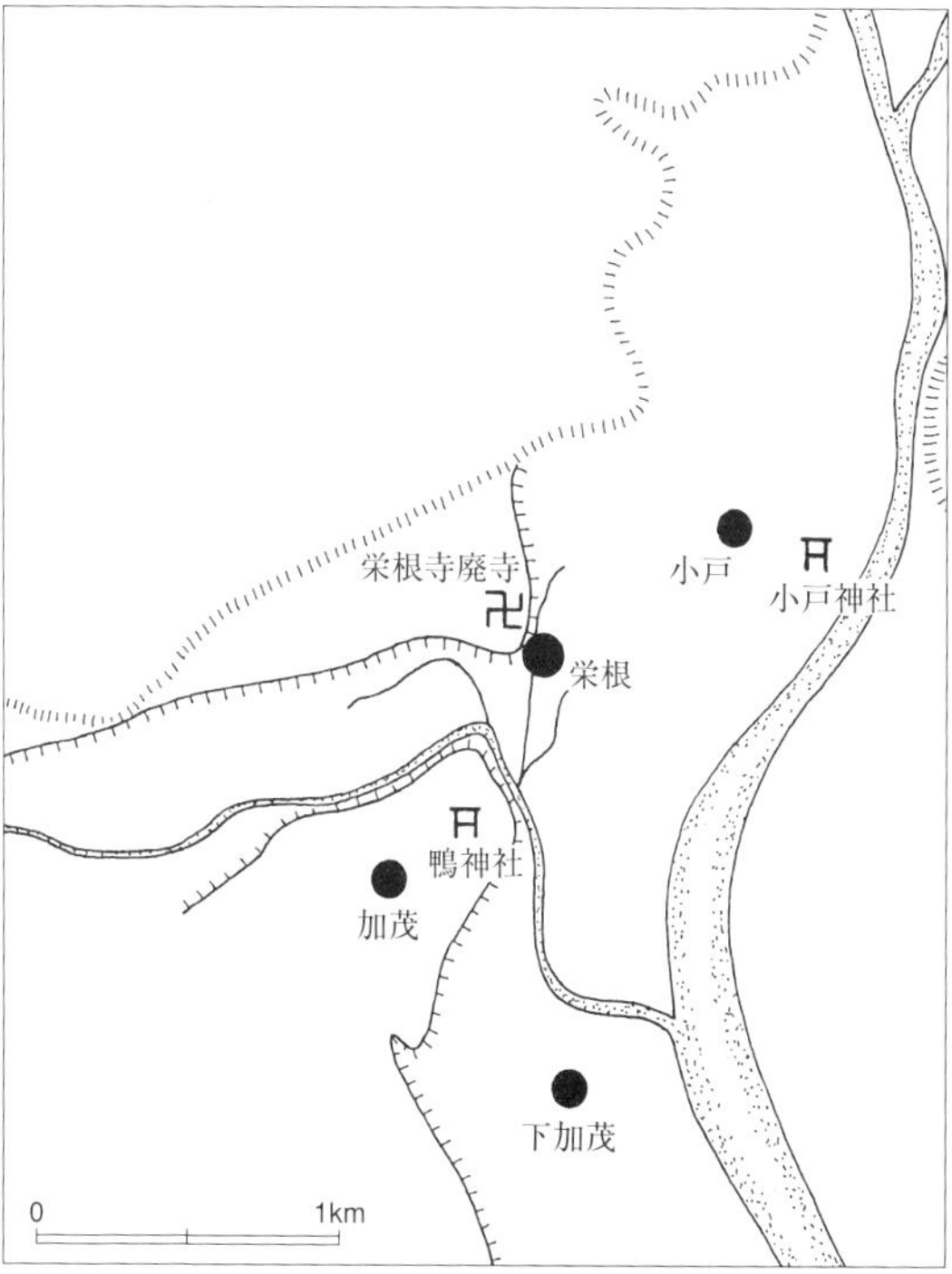


**図35**　奈良・平安時代の周辺遺跡

とくに栄根遺跡の場合は、西側に隣接する台地上に立地する栄根寺廃寺との関係が重要である。同廃寺の伽藍遺構は、平安時代後期（十一世紀）建立の本堂と推定される仏堂以降しか確認されていないが、出土した格子目・縄目叩きの平瓦によって、奈良時代前半に建立された古代寺院であると考えられる。また、栄根遺跡の自然河川から出土した墨壺《すみつぼ》は、創建伽藍建立時に使用したものであろう。

律令時代の川辺郡には、このほかに尼崎市猪名寺廃寺や伊丹市伊丹廃寺などの古代寺院が知られており、それぞれ建立した古代氏族が想定されているが、栄根寺廃寺の建立氏族も含めて郡司層氏族に該当すると考えられる。栄根寺廃寺の建立氏族は、当然当小地域の有力氏族と考えられるが、居住したのは隣接する栄根遺跡が有力候補である。加茂遺跡の場合も延喜式内社が存在するが、奈良・平安時代に当小地域の中心となったのは、やはり栄根遺跡

図36　栄根遺跡出土墨壺

であろう。

なお、当地域では小戸遺跡の東側約三〇〇メートルに位置に現存する小戸神社も『延喜式神名帳』所載の「小戸神社」とされており、延喜式内社が集中する地域である。

## （九）加茂遺跡と周辺地域

以上のように、加茂遺跡は、弥生時代中期を最盛期としながらも、旧石器・縄文時代から奈良・平安時代にかけて長期間継続する遺跡であり、集落変遷過程も明らかになっている。加茂遺跡といえば弥生時代中期の大規模集落であり、弥生時代後期にいたり衰退、消滅するというイメージでとらえられることが多かったが、前史となる縄文時代晩期集落や、弥生後期から古墳時代にかけての集落縮小過程を具体的に明らかにできたことは大きな成果であった。

弥生時代後期から終末期の加茂遺跡は、衰退期とはいえ一般集落にくらべるとある程度の規模は保っていたのである。これとあわせて各時代の集落構造が明らかになったことも、本遺跡の価値が弥生時代中期集落にとどまらないことを示している。

一方、本遺跡の調査と並行して進展した周辺遺跡の調査は、加茂遺跡を取り巻く環境を具体的なものとさせた。とくに近接する栄根・小戸・下加茂遺跡などの弥生時代前期から始まる集落遺跡との関係は重要である。

これらの集落は、弥生時代中期に始まる加茂遺跡弥生集落の母体であり、加茂遺跡が中期中頃から後半に大規模化した時期にも併存しており、後期以降古墳時代にかけての縮小後はともに均質な集落になるという、一体的な動向が読みとれるからである。

加茂遺跡は中期に大規模化するとはいえ孤立した存在でなく、径約二キロの範囲で収まるこれらの集落遺跡群とともに一つの小地域社会を形成していたと見るべきであろう。

また、加茂遺跡を含む径約三キロの範囲内では、各時期の古墳や古代寺院の分布する地域でもある。これらも、小地域社会を形成する集落遺跡群と関連づけられるものとしてとらえることができよう。律令時代では雄家《おべ》郷に該当し、さほどの広さはないが完結した一つの古代における基礎的な小地域として考えるべきであろう。

本書の中心となる弥生時代中期の加茂遺跡の実態や、畿内でも有数の大規模集落となる要因などについては、次章以降で検証していきたいが、その問題を解く鍵の一つはここでみてきた小地域社会の変遷を示す周辺遺跡の動向にあると考えられる。

**図37**　地震による地割れ（第70次調査第１トレンチ）

## 3　地震跡の発掘

### (一)　地震跡の発見

加茂遺跡の発掘調査では、人為的な遺構・遺物だけでなく地震跡も検出されている。これまで見てきた集落遺跡の歴史的な流れとは別のものであるが、考古学的手法の発掘調査としては近畿地方でもいち早く見つかったものであるので、ここに紹介したい。

地震跡が最初に見つかったのは、一九八三（昭和五十八）年鴨神社北側の市有地での試掘調査（第七〇次調査）であった。その後の一九九二（平成四）年弥生時代中期の大型建物と方形区画を検出した場所（第一一七・一二五次調査）と同一敷地内である。最初に地山上面で弥生時代の遺構とともに東西方向の小溝が多数検出されたが、

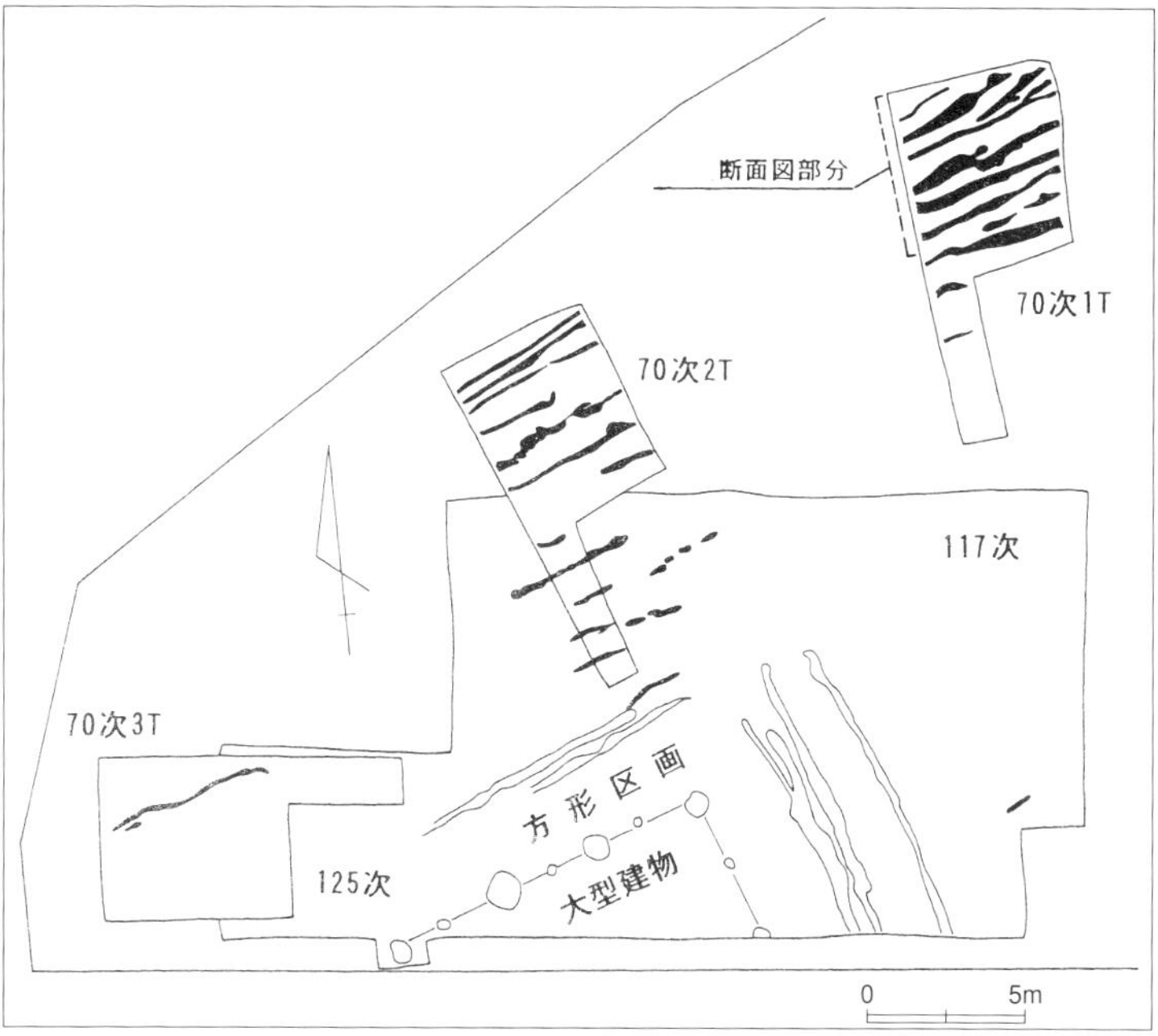


**図38**　地割れ検出状況（第70・117・125次調査）

それらの小溝をいくら掘っても底には達せず、形状も不定形であったので人為的なものとはとうてい考えられなかった。当時はまだ「地震考古学」という用語もなく、「遺跡の発掘調査での地震跡の検出」という発想には躊躇を覚えたが、とにかく地震の専門家に見てもらわねばと連絡したのが京都大学阿武山地震観測所であった。同観測所に連絡したのは、終末期古墳として著名な高槻市阿武山古墳に隣接して地震観測所があったことを思い出してのことであった。観測所からはさっそく梅田康弘らが現場を訪れ、地滑りなど他の要因の可能性を含めて検討した結果、マグニチュード6〜7クラスの地震による地割れという判断がなされた。

調査は、当初加茂遺跡東部の集落状況を確認するために着手したもので、四カ所のトレ

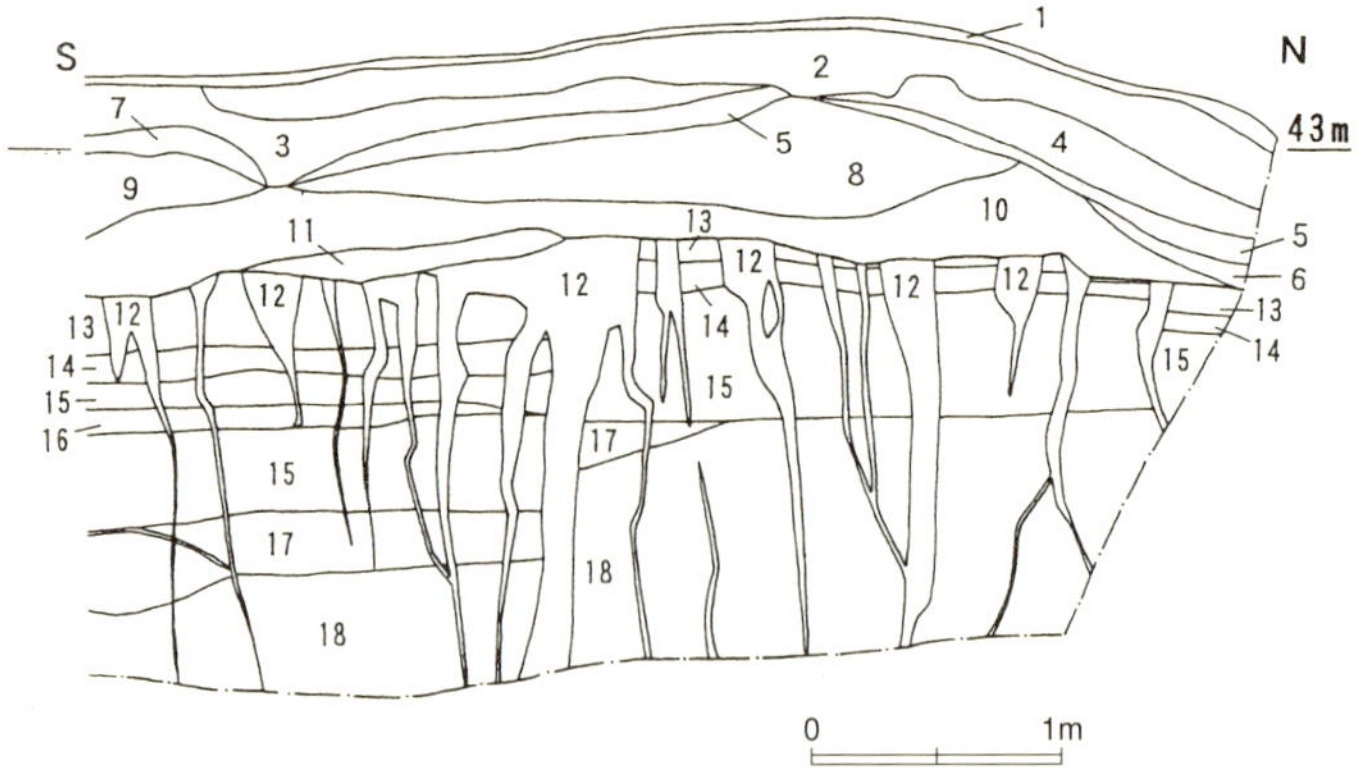


1.黒色土　2.灰色小礫　3.黒茶色土（移動した遺物包含層）　4.黄褐色土
5.墨層　6.淡黒色土　7.暗黄色混礫土　8.暗黄色混礫土（5～10cm大の礫多し）
9.黒色土（旧表土？）　10.黄茶色土　11.茶褐色粘質土（遺物包含層）
12.暗黄茶色混礫土（地割れ埋土）　13.明黄色混礫土（地山）　14.明黄色粗砂質土（〃）
16.黄色砂質土（〃）　17.淡黄色粘質細砂（〃）　18.淡灰黄色混礫土

**図39**　第70次調査第1トレンチ断面図

ンチを設定して調査を行っていたが、このうちとくに第一・二トレンチの地山上面において幅五～二〇《センチ》の東西方向（N60°～80°E）の地割れが多数検出された。各地割れの方向は正確にはすべて平行ではなく、あるものは途切れたり別の溝を派生するという特徴があった。また、地割れの方位は北から南にいくにしたがい時計まわりの方向に角度が増す傾向も認められた。この時点で地震の地割れの可能性を考えたため、両トレンチの一辺を約二《メートル》掘り下げて土層を観察したところ、地割れの大半はさらに地中に延びている状態が確認された。また、地山はいく層もの堆積層からなっていたが、大きな地割れを境に土層の北上がりの垂直ずれが最大四〇《センチ》認められている。

　地割れの発生時期の究明は最も注目されたところであるが、上面を覆う弥生時代中期の遺物包含層を地割れが明確に貫いた状況が認められず、地割れ内で弥生土器の小片が出土したことなどから、弥生時代中期をさほど下らない時期のものと考えた。しかし、遺物包含層の堆積は部分的なもので、地割れの大半は近年の堆積土に覆われていたことから、残念ながら明確な発生時期を確定するにはいたらなかった。

## (二) 相次ぐ地震跡の調査

その後、このような地震跡検出の経験が生かされ、加茂遺跡では北側の崖際に沿った三カ所、隣接する栄根遺跡でも三カ所、栄根寺廃寺遺跡でも一カ所、同様の地割れや土層段差が相次いで検出された。なかでも栄根遺跡の場合は、中世の遺物包含層が堆積するという好条件のもと、地割れや段差の発生時期を室町時代末から近世初頭にかけての頃に特定することができている。このように、加茂遺跡の地割れ検出が発端となり、近隣二遺跡を含む一帯は地震跡検出地点が集中する地域となったが、地震や地質の分野に大きく貢献することとなった。

これらの地震跡を検証した前掲の梅田康弘は、地割れや土層段差は地震の震動により生じたものではなく、栄根遺跡と栄根寺廃寺遺跡の境付近を南北に通過する近畿地方でも有数の活断層「有馬–高槻構造線」と加茂遺跡北端の付随断層「花屋敷南断層」の活動に直接起因する「構造性地割れ」であることを指摘している。また、発生時期については、栄根遺跡での検出例を文献史料に見られる地震にあてはめると、一五七九年（M6.0）と一五九六年（M7.5）の二つが該当するが、後者のいわゆる慶長元年の伏見地震の可能性が高く、加茂遺跡検出の地割れもこのときに起こった可能性を考えている。地震の規模は、地割れの存在や「有馬–高槻構造線」全体が動いた場合を想定する

**図40**　栄根遺跡地震跡調査現地説明会（1995年８月30日）

と、マグニチュード6〜7で、震度6以上が考えられるとのことであった。

このように地震跡が見つかったとはいえ、近畿地方では多くの人びとの記憶に目立った地震経験がなく、被害に対する現実感のない時代であったが、一九九五（平成七）年一月十七日に発生した阪神・淡路大震災はその認識を一変させた。文献史料だけでなく発掘調査で見つかる地震跡によって過去の地震歴を知ることができ、それが今後起こりうる地震予知とも関係するからである。そのような状況下、以前より発掘調査による地震跡検出に注目し、「地震考古学」を提唱していた通産省工業技術院地質調査所の寒川旭は、栄根遺跡で川西市教育委員会との合同の地震跡発掘調査を計画した。この調査は、通産省が企画した「有馬–高槻構造線」の活動歴調査の一環であったが、従来のように遺跡発掘現場で偶然見つかる地震跡資料を利用するのではなく、積極的に地震跡を調査究明しようとしたものである。調査は、一九九五（平成七）年八月に実施され、以前に検出していた地震跡を再掘・拡張して詳細な検討を行ったが、やはり震度6程度の地震によるもので、一五九六年の伏見地震による可能性が高いという結果が得られている。大震災直後のため市民の関心も高く、開催した現地説明会にはおよそ四〇〇人の参加があった。

# Ⅲ　弥生時代中期集落の実態

## 1　大規模集落の成立と構造

加茂遺跡の弥生中期集落は、東西八〇〇㍍、南北四〇〇㍍の二〇㌶に及ぶ規模をもつことだけでなく、居住地や墓地などの集落を構成する諸要素が明らかになってきている。居住地は、環濠に囲まれた集落の中心地である「集落中心域」と環濠外に営まれた「環濠外南部居住区」、「環濠外北部居住区」に分かれる。墓地は、これらの居住地の西側に広がるが、いくつかの方形周溝墓群に分かれる可能性がある。以下、これらの集落を構成する諸要素からみていくことにしたい。

### （一）　集落中心域

鴨神社が位置する遺跡東部が居住地の中心となる。遺跡の立地する台地突端部にあたり、北・東側は台地の崖に接し、台地平坦地がつづく南・西側は数条の環濠で囲まれる径約三〇〇㍍の範囲で、約八㌶の広さをもっている。遺跡内でも最高所となり、最も良好な位置を占める地区でもある。遺物の出土量も最も多い地区で、かつては多

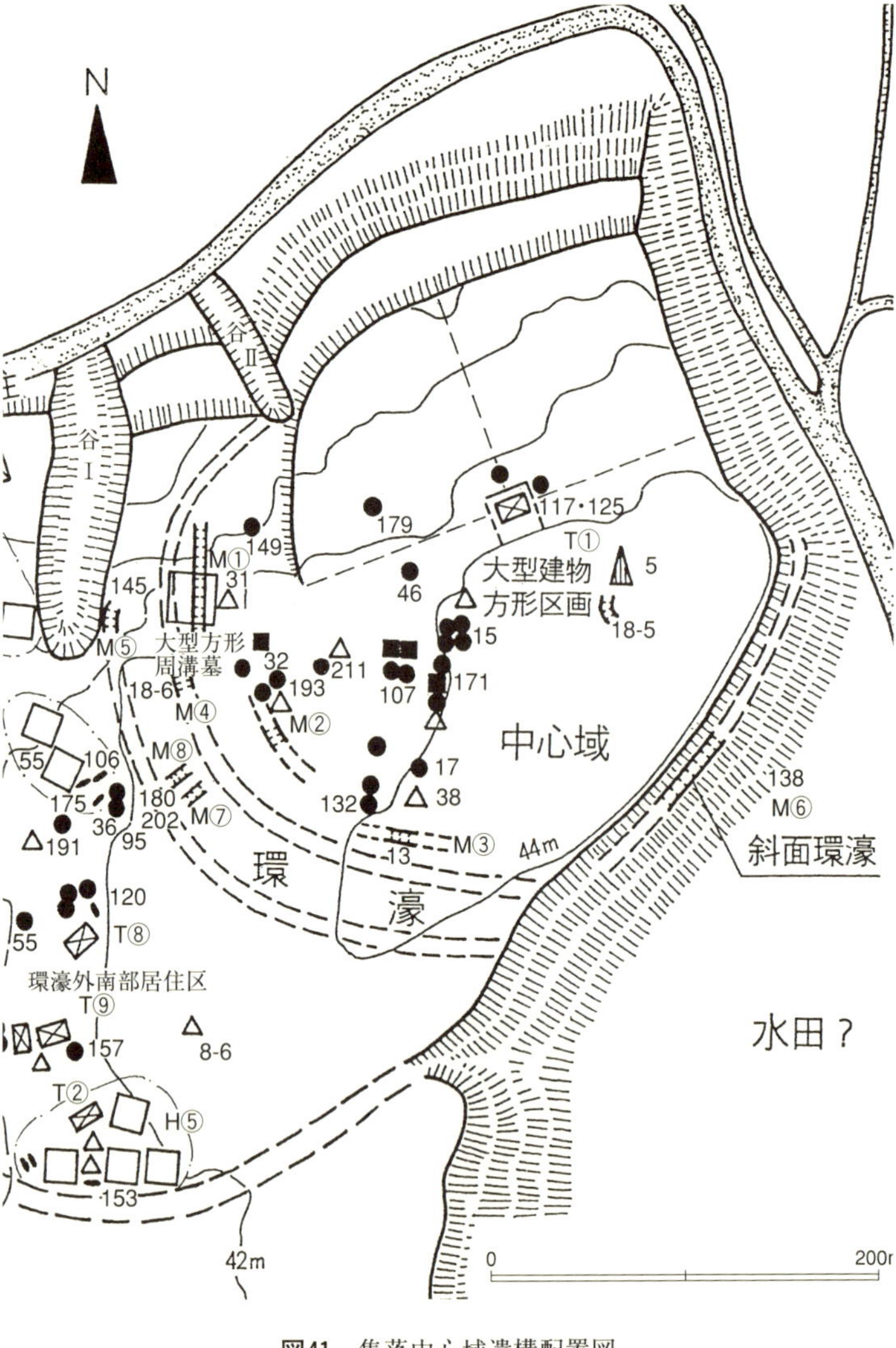


**図41　集落中心域遺構配置図**

T：掘立柱建物　M：環濠等溝　H：方形周溝墓群

その他の数字は調査次数を示す

量の土器・石器の散布によってこの地区のみが集落と考えられてきた。これまで中期中頃〜後半（第Ⅲ〜Ⅳ様式期）の竪穴住居二九軒、土器棺墓六基、サヌカイト集積遺構一カ所のほか、膨大な数のピット群などが検出されているが、集落形成初期の中期初頭（第Ⅱ様式期）の土器の出土もほぼこの地区にかぎられていることや、第Ⅱ様式期から第Ⅲ様式期にかけての時期に環濠がすでに存在することから、集落形成当初からの居住地であり、最盛期に集落中心域として発展したと考えられる。

集落中心域としての性格を最も特徴づけるのは、本地区の中心部で検出された大型掘立柱建物とそれを囲む方形区画（第一一七・一二五次調査）で、宗教的要素の強い集落中心施設と考えられる。ただし、中心域内でも最高所の平坦地となる鴨神社の境内地とその東側約二ヘクタルの地区は、これまでほとんど発掘調査が行われておらず、今後さらに中心施設が検出される可能性が高い。

また、中心域には土器棺墓以外の墓は基本的に存在しないが、中心域西端部の環濠際で本遺跡では最大規模の大型方形周溝墓が一基のみ検出されている（第三一次調査）。後述の墓地内に群在する方形周溝墓群に対して特別な扱いを受けた周溝墓と考えてよいであろう。

なお、中心域外周の崖の一部に自然のものとは思われない地形が認められる。東側から南東側の崖は曲線状の崖であるが、北東側の直線的な東片と北片が直角に交わる地形や、北西側の円弧状にめぐり西側で約一メートルの高さの段状地形になっている点である。しかも、大型建物規模が一間×三間を大きく上回らないと考えた場合、この建物を基点として北東側は一辺一一三〜一一四メートルの正方形状に、北西側は同じく建物を中心とした同距離を半径とする円弧状に復原されることも偶然とは思われない。発掘調査で確認された地形でないため断言できないが、後世の畑地造成にしては規模が大きく整然としていることから、人為的に整形された可能性を考えている。また、大型建物の東西中軸線の延長は両地形の端と一致し、その両端間の距離が漢尺の一千尺（約二三〇メートル）に近似することからすると、計画的に整形された可能性が高いのではなかろうか。

## （二）環濠外居住区

遺跡の中央部から西寄り地点でも竪穴住居が検出されることから、当初は遺跡東部の居住区が西側に延びているものと考えたが、環濠が明らかになるにしたがい、中心域とは別の居住区が二カ所形成されていることが明らかになった。

環濠外南部居住区は、中心域を囲む環濠外南西側に接して形成された居住区で、現在川西市文化財資料館が建っているのがこの居住区の中央部分にあたっている。同居住区ではこれまで竪穴住居一三軒、掘立柱建物五棟、土器棺墓三基が検出されている。竪穴住居の時期から見ると中心域からやや遅れて中期前半（第Ⅲ様式期古段階）より居住区の形成開始が考えられるが、明確な遺構は未検出ながらも第Ⅱ様式の土器の出土もあり、今後中期初頭の開始が明らかになる可能性もある。中期後半（第Ⅲ様式期新段階〜第Ⅳ様式期）には西・南側に拡大し、その最大時の規模は東西、南北とも約二〇〇メートル（約四ヘクタール）の規模の広さで、とくに南端では隣接する方形周溝墓群を浸食する勢いである。また、検出軒数の多い掘立柱建物は、いずれも桁行二〜三間、梁間一間の小規模なもので、居住区内で散在し特別な位置関係は見られない。おそらく生活域で通常必要な倉庫などの建物

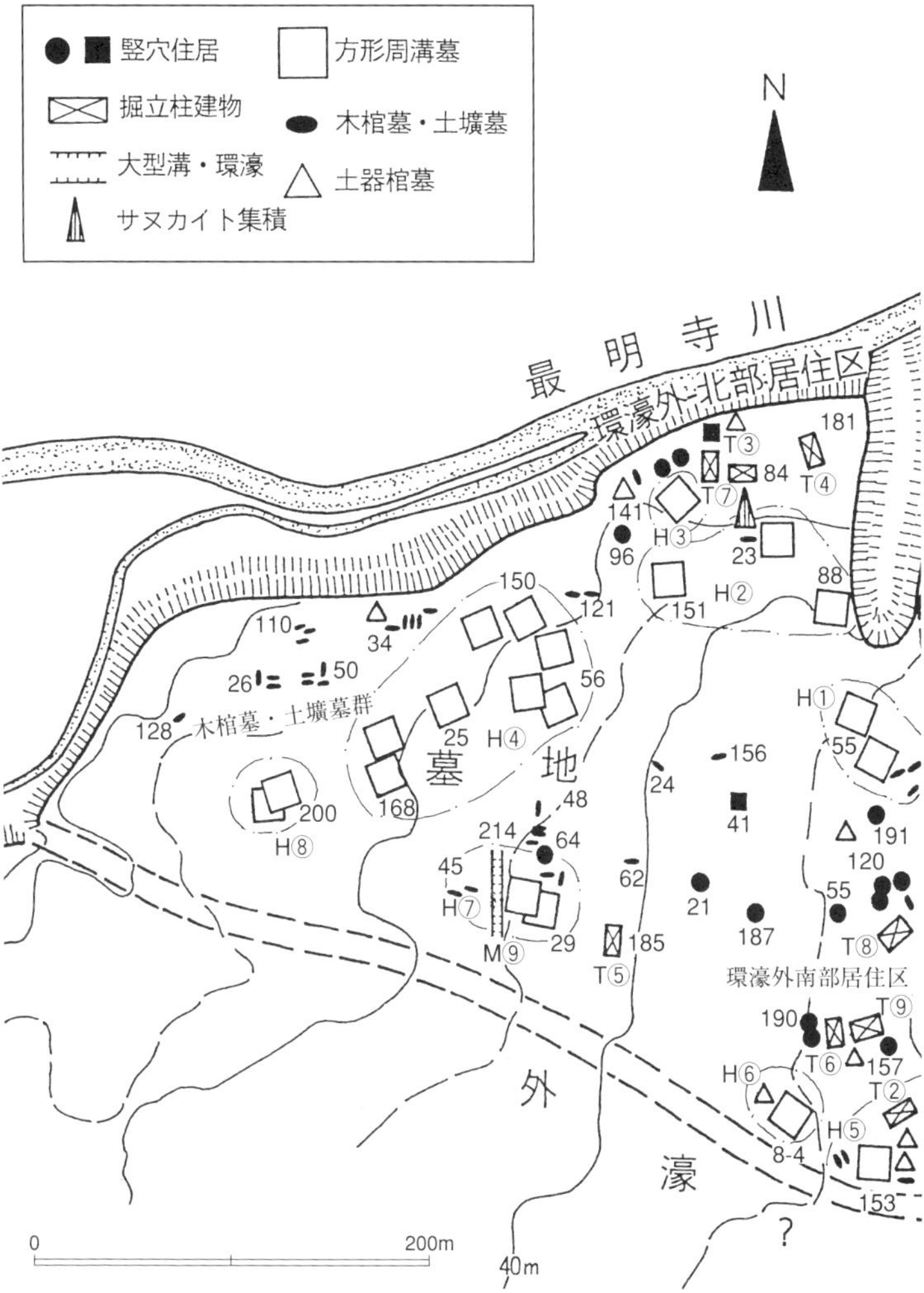


**図42**　環濠外居住区・墓地遺構配置図
T：掘立柱建物　M：環濠等溝　H：方形周溝墓群
その他の数字は調査次数を示す

であったと考えられる。

一方、環濠外北部居住区は、遺跡中央部北端の谷状地形Ⅰと北端の崖に挟まれた、広さ約〇・五ヘクタルの小規模な居住区である。竪穴住居四軒と掘立柱建物三棟が検出されているが、環濠外南部居住区にくらべて小規模であることや、ほぼ中期後半（Ⅳ期）に限定される時期の居住区であるなどの特徴をもっている。北側には崖が接近し、南側には方形周溝墓群が迫っているなど、良好な環境といいがたい居住区である。

### （三）墓地

墓地は、集落居住区の西側にあり、環濠外南部居住区を西側からコの字状に囲む形で形成されている。広さは、約七ヘクタルである。集落中心域とは数条の環濠により隔てられているが、南・北環濠外居住区とは接しており、居住区と間隔をあけたり、両者を区分するための溝などを設けた形跡は見られない。墓地内では、方形周溝墓が二三基検出されているが、調査地区の関係から部分的な溝の検出のみで方形周溝墓と断定できなかったものも考慮すると、さらに基数は増えるものと考えられる。現状では、方形周溝墓の地点と方位から考えると、約〇・五～一ヘクタルの広さをもつ少なくとも八つの群に分けることが可能である。

墓地内では、方形周溝墓以外に木棺墓および土壙墓が三八基検出されている。検出地点は、方形周溝墓に付随するものと、これのみで群在するものとに分けられる。群在が確実なのは、墓地西端部の地区で、これまで一六基検出されているが、方形周溝墓群と区分するための溝などの遺構は確認されていない。

## 2　遺　構

### (一) 大型建物と方形区画

大型建物が見つかったのは、遺跡東部の鴨神社北側の市有地である。もとは鴨神社本殿裏側の境内地であったが、昭和四十五年遺跡保存のため市が買い取った土地である。鴨神社境内地から東側崖際までの一帯は、遺跡内でも最高所の平坦地を形成しているが、大型建物の位置はその平坦地の北西端にあたり、北西方向にゆるく傾斜しはじめる地点にあたっている。

方形区画は、南北方向三条（小溝1～3）、東西方向二条（溝4・5）の幅一四～四〇センチ、深さ一〇～二〇センチの小溝が直交して検出されたが、交点部分は途切れていた。南北溝の長さは一〇メートル以上で調査地区南側につづき、東西溝は長さ約九メートルで西端は後世の削平のため途切れていた。方位は東西溝でN70°Eである。各小溝内には径一〇～二〇センチのピットがあるが、とくに小溝2では、厚さ五センチ、幅三〇センチの板を約五センチ間隔で垂直に立てた痕跡が九個残存していた。また、小溝1から小溝3の間は約二〇センチ掘り下げてから各溝を掘っており、板を建てた後、もとの高さまで地山混じりの土で埋め戻した状態を観察することができた。一方、小溝による区画内は、厚さ約一五センチの盛り土がなされ、とくに北東部は盛り上がった状態であった。これらのことから、各小溝は竪板塀《たていたべい》の根本を直接地面に埋めて固定するための布掘溝と考えられ、内側の小溝3と小溝5は区画内盛土の土留めの板を固定する溝ではないかと推定した。

小溝により区画された内側には約三メートルの間隔をあけ、区画の方位に合わせた大型掘立柱建物一棟が検出された。桁行三間（一〇・五メートル）以上、梁

**図43**　大型建物・方形区画（第117・125次調査）

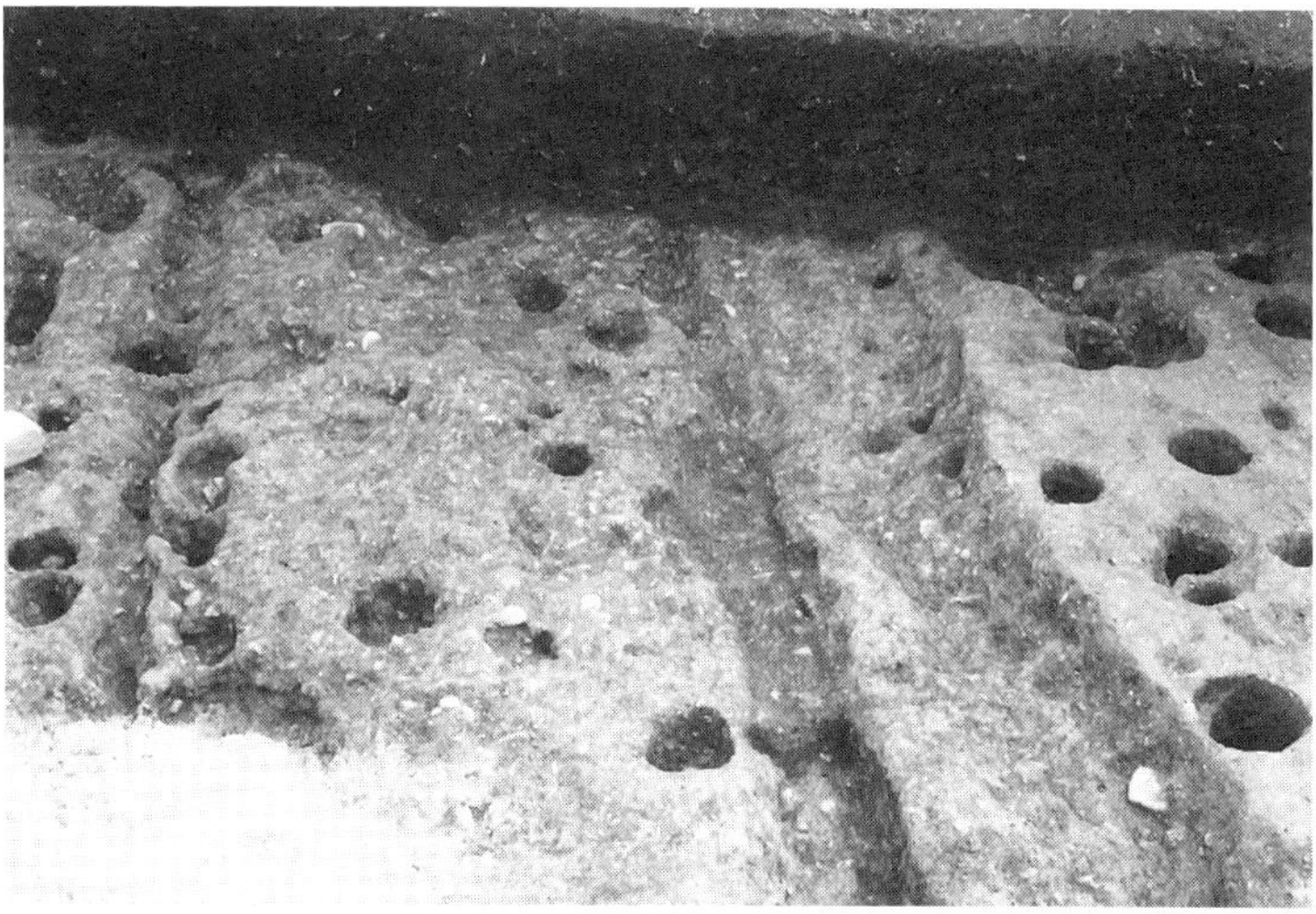

**図44**　方形区画の小溝（第125次調査）

間一間（四・五メートル）以上の東西棟の建物で、柱穴は、径〇・七～一・〇メートル、深さ〇・四～〇・六五メートルと大きい。柱の間隔は、梁間で四・五メートル、桁行で三・五メートルもあり、各柱の中間に径三五センチの小型の柱穴を想定できるものの、構造的に高床ではなく土間構造の住居的な建物であったと考えられる。

建物の規模は、南側と西側が未掘のため不明であるが、現在検出している部分だけでも四七平方メートルあり、さらに大きくなる可能性がある。たとえば、柱穴5の東側二メートルの位置に径〇・五メートルのピットがあるが、これを棟持柱として考えた場合には梁間二間（九メートル）となり、建物面積は九四平方メートル以上となる。なお、建物の時期については、出土土器から、中期後半でも第Ⅲ様式期新段階と考えている。

このように、大型建物とそれを囲む方形区画施

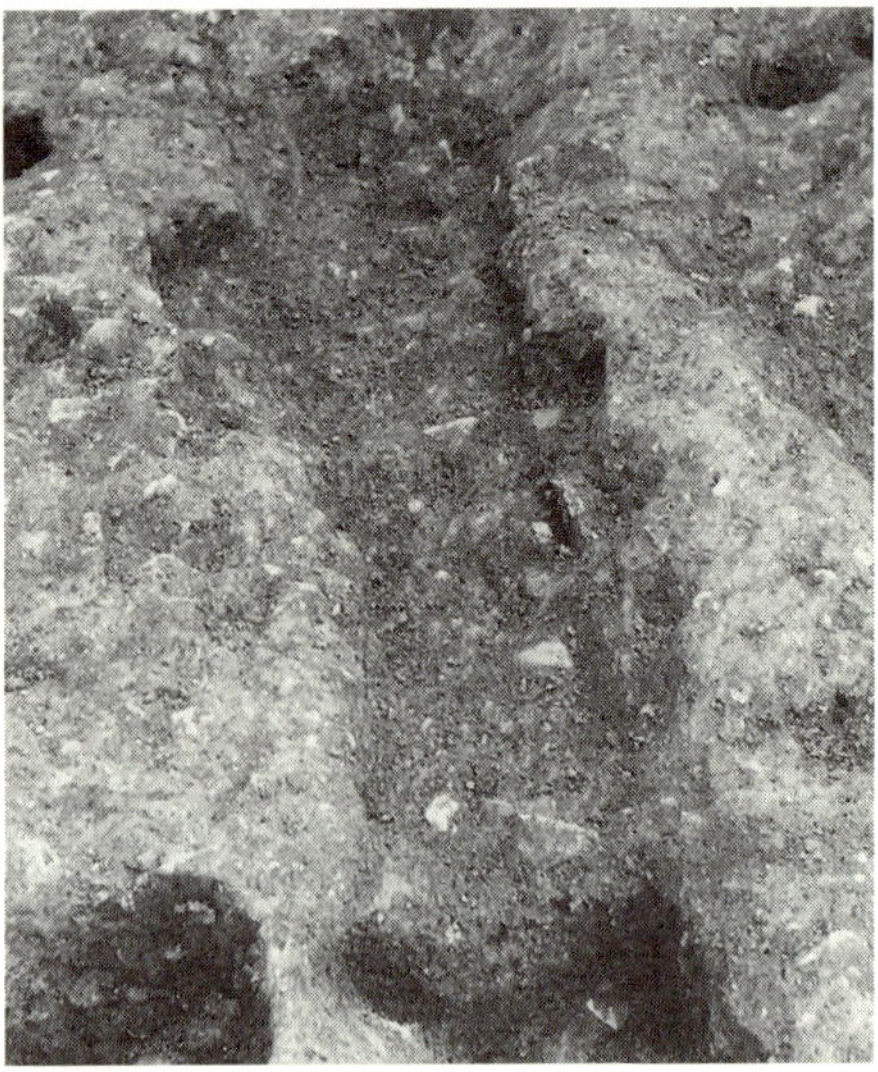

図45　竪板塀の痕跡（第125次調査）

設は一角が検出されただけで、全体像を明らかにするには鴨神社境内地の追加調査を待たねばならないが、区画の大きさについては①一〇〇メートル規模の大区画、②建物数棟分を囲む数十メートル規模の中区画、③今回検出した建物一棟だけを囲む小区画のいずれかが考えられる。現状では、内部の建物と区画との間隔が東辺・北辺のいずれからも約三メートルしかないことを考慮すると、①の大区画や②の中区画の北東隅の建物をたまたま検出したというよりも、③の建物一棟のみを囲む小区画の可能性が高いと考えられる。方形区画の構造については、内部に若干の盛土と土留めがなされ、東片二重、北辺一重の竪板塀で囲まれていたと推定されるが、竪板塀については北東部の交点が途切れていることなどから、防御性というよりも目隠し塀的な精神性を感じることができる。時代は異なるが、家形埴輪を内部に置く囲形埴輪や、現存する神社建築では住吉大社の本殿を囲む板塀、伊勢神宮の摂社を囲む板塀などのように、建物を近接して囲む板塀のイメージが近いように感じられる。建物の性格も、集落統括者の住居か宗教的な建物の可能性が考えられるが、竪板塀からすれば宗教的要素が強い施設であったと思われる。もちろん

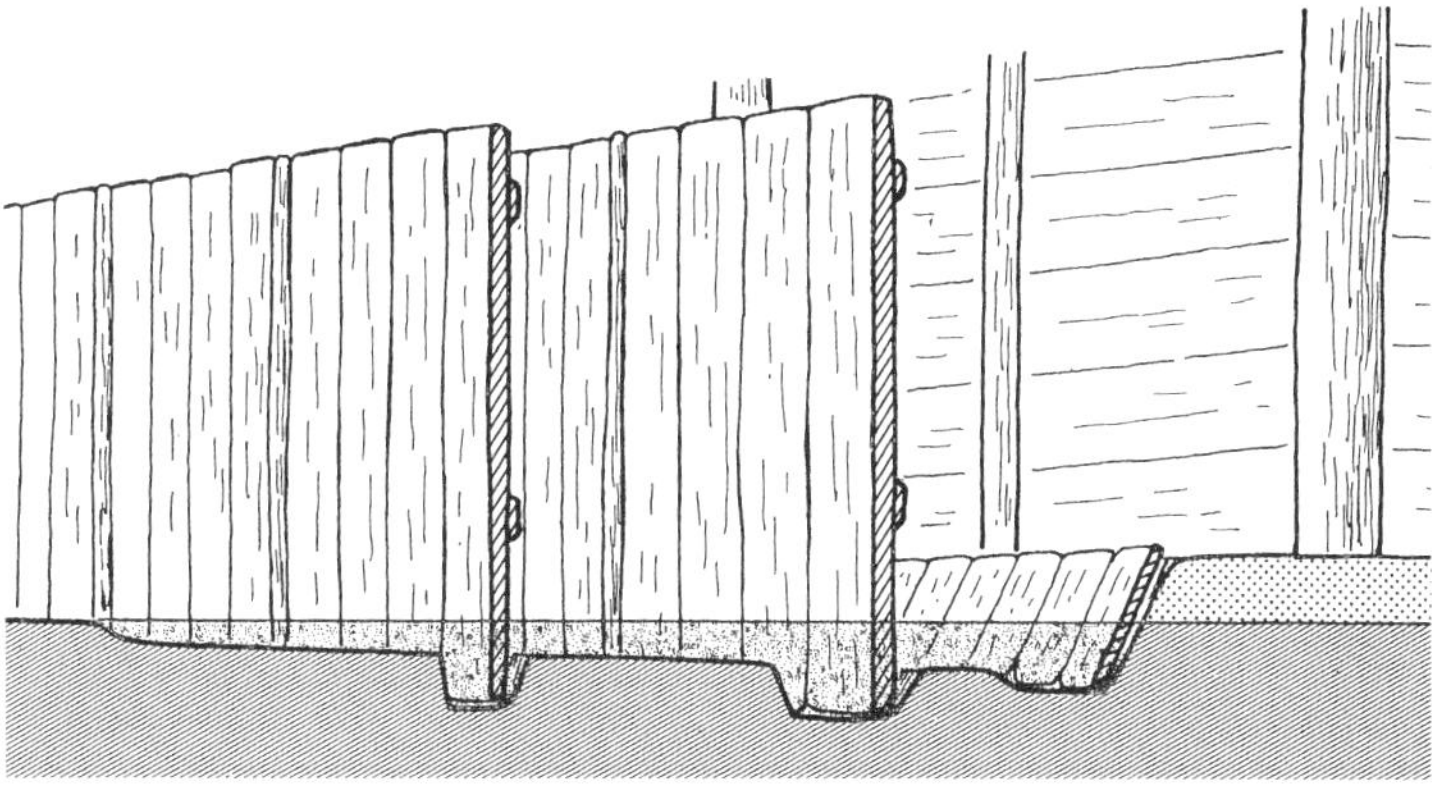

図46　竪板塀設置状況復元図

検出地点についても集落中心域の中央部にあたり、先に述べた推定整形地形との位置関係からも、集落の中心施設としての性格を考慮する必要がある。

なお、大型建物および方形区画の検出地点は、国史跡指定地内で公有地として保存されている。

## (二)　掘立柱建物

掘立柱建物は、上記の大型建物以外に八棟検出されている。位置は、すべて環濠外居住区で、同南部居住区五棟、北部居住区三棟に分かれる。八棟は、すべて梁間は一間にかぎられ、桁行は二〜三間、面積は二〇平方メートル以下の小型建物であるが、規模の大小によりa・b二形式に分けることができる。

最小規模のa形式は、桁行二〜三間（三・三〜四・五メートル）、梁間一間（一・七〜二・五五メートル）、面

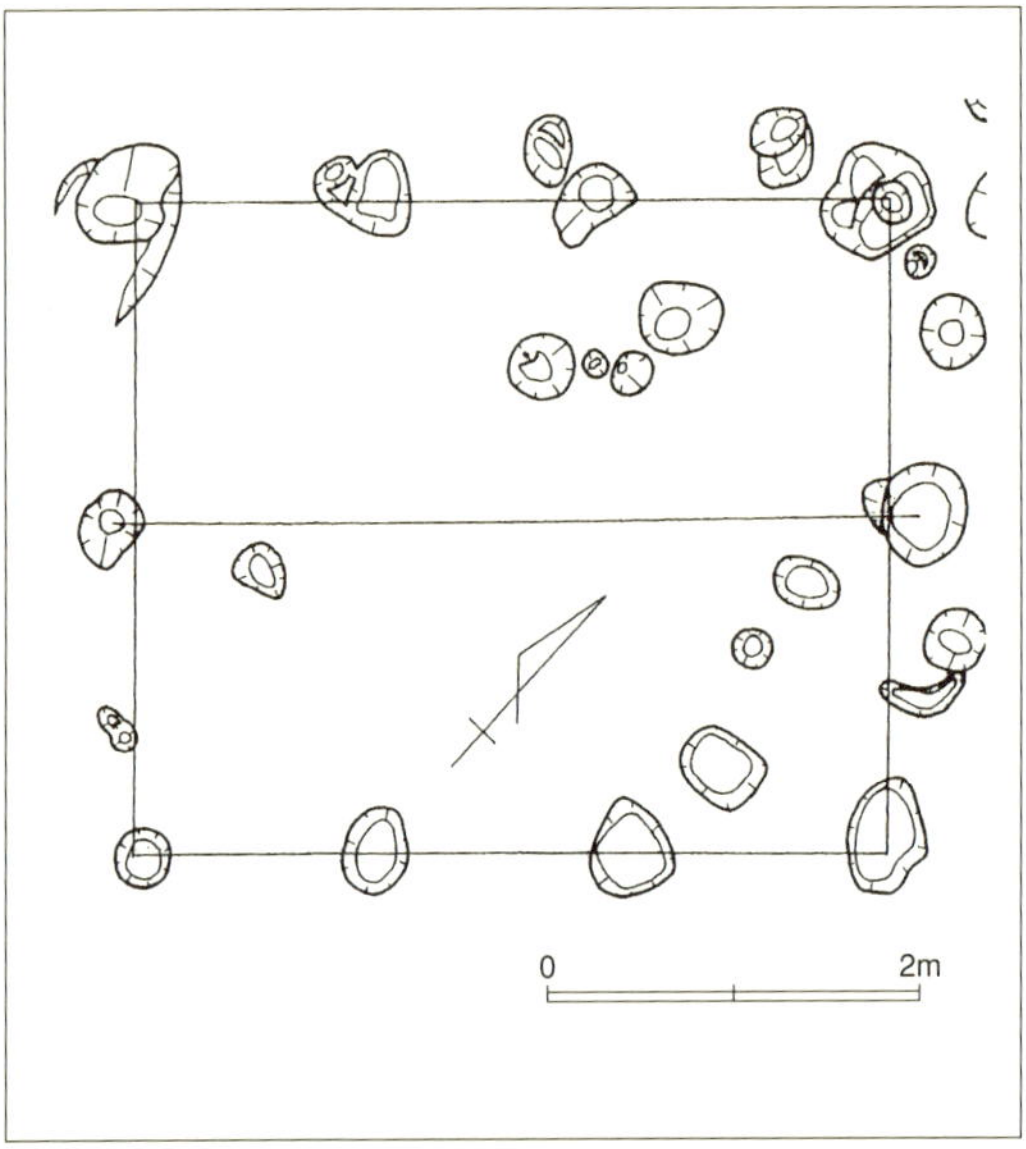


**図47**　掘立柱建物８（第120次調査）

積七～九平方メートルで、八棟中六棟を占めている。構造から、桁行が二間のものと三間のものに分けられるが、三間の桁行柱間は二間に対して狭く、両者に面積の差はとくに認められない。なお、建物6は桁行三間以上の可能性もあるが、四間としても面積は一〇平方メートル以下である。この形式の検出地点は、環濠外南部居住区で三棟、同北部居住区で三棟となり、環濠外居住区内に広く分布している。

　やや規模の大きいb形式は、桁行三間以上（四・二～四・八メートル以上）、梁間一間（三・四～三・五メートル）でa形式より梁間がやや大きいが、桁行柱間はa形式の二間のものよりも狭い傾向が認められる。面積は一〇平方メートルを超え、桁行が不明な建物9も約二〇平方メートル程度と考えられる。また、建物8は加茂遺跡のなかでは唯一近接棟持柱をもつ構造であるが、棟持柱が建物の特別な用途

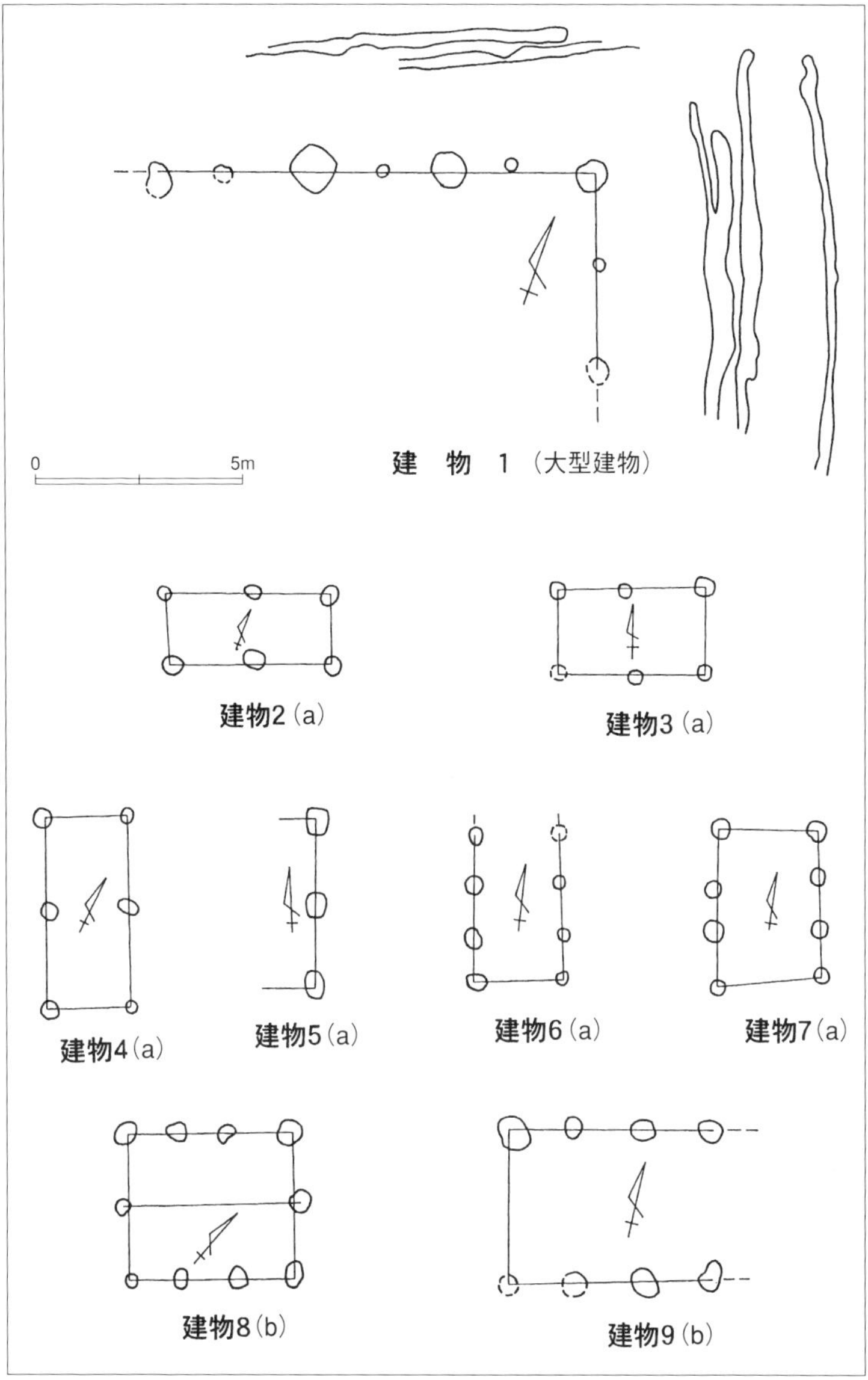


図48　掘立柱建物集成図

**表1**　掘立柱建物一覧表

| No. | 梁間(m) | 桁行(m) | 面積 m² | 時期 | 形式 | 調査次数 | 備考 |
|---|---|---|---|---|---|---|---|
| 1 | 1~(4.5~) | 3~(10.5~) | 47~ | 中期後半 | 大型建物 | 117・125次 | |
| 2 | 1(1.7) | 2(4.0) | 6.7 | 中期後半 | | 153次 | |
| 3 | 1(2.05) | 2(3.56) | 7.3 | 中期後半 | | 84次 | |
| 4 | 1 (2.0) | 2(4.5) | 9.0 | 中期(推定) | | 181次 | |
| 5 | 1(1.4~) | 2(3.8) | 6~7 | 中期(推定) | 小型建物 a | 185次 | |
| 6 | 1(2.1) | 3~(3.3~) | 6.9~ | 中期 | | 157次 | |
| 7 | 1(2.55) | 3(3.5) | 8.9 | 中期後半 | | 84次 | |
| 8 | 1(3.4) | 3(4.2) | 14.3 | 中期(推定) | 小型建物 b | 120次 | 近接棟持柱 |
| 9 | 1(3.5) | 3~(4.8~) | 16.8~ | 中期後半 | | 157次 | |

を示すものかどうかは明らかではない。なお、b形式の二棟の位置は、いずれも環濠外南部居住区のほぼ中央部にあたっている。

これらの小型掘立柱建物が環濠外居住区だけで検出されている理由については、環濠外居住区にのみ存在したというよりも、環濠外居住区では集落中心域にくらべて検出ピットの密集度が低いため、建物復元が容易な点があげられる。小型建物の場合、多数のピット群のなかでは柱穴を抽出して復元することは不可能か、恣意的な復元に陥る危険性が高いが、ピットの密集度がいちじるしい集落中心域でも存在した可能性は高いと考えている。また、環濠外居住区内でも一カ所に集中したり群在する傾向は認められず、広く散在した分布状況が認められる。

このように、小型掘立柱建物は、集落中心域、環濠外居住区に関係なく存在するもので、各居住区のなかでも特定箇所に集中することなく、散在的に分布する性格の遺構であったと考えられる。また、建物面積が本遺跡の竪穴住居の平均面積である約三〇平方メートル《メートル》よりも小規模であることから、住居の可能性は低い。特別な用途の建物でなく集落全体に散在し、住居でもない遺構とすれば、稲倉と考えるのが妥当ではなかろうか。また、各遺構の構造から見て、高床式倉庫であった可能性が高いと考えられる。

## (三)　竪穴住居

竪穴住居は、四七軒検出されている。検出地点の内訳は、集落中心域二九軒、環濠外南部居住区一三軒、環濠外北部居住区四軒で、墓地内でも例外的に一軒検出されている。墓地内の一軒（第六四次調査）は、一般的な住居ではなく墓地とかかわりがある特殊な住居と見られる。住居の検出状況は、全体に後世に削平されたり浸食を受けたため か、残りがよくない。深さは残りのよいものでも一〇〜二〇センチ《センチ》ほどで、住居内外の高低差がなく周壁溝だけが残存する場合も多い。周壁溝も全周せず円弧の一部だけが残存し、かろうじて住居と判断できるものもある。したがって、とくにピットの群在がいちじるしい集落中心域では、周壁溝が完全に削平され柱穴もピット群と混在し、竪穴住居として確認されないものが多く存在する可能性も念頭に置くべきであろう。なお、本遺跡の弥生時代後期・終末期の竪穴住居の場合は、確実に一〇〜三〇センチ《センチ》の深さが残存していることと比較すると、中期の竪穴住居の深さは当初から浅かった可能性も考えられる。

住居の平面形は、円形が大半を占め三七軒で、その他方形六軒、楕円形二軒、不明二軒となっている。円形のものでは、方形の突出部が付くものの

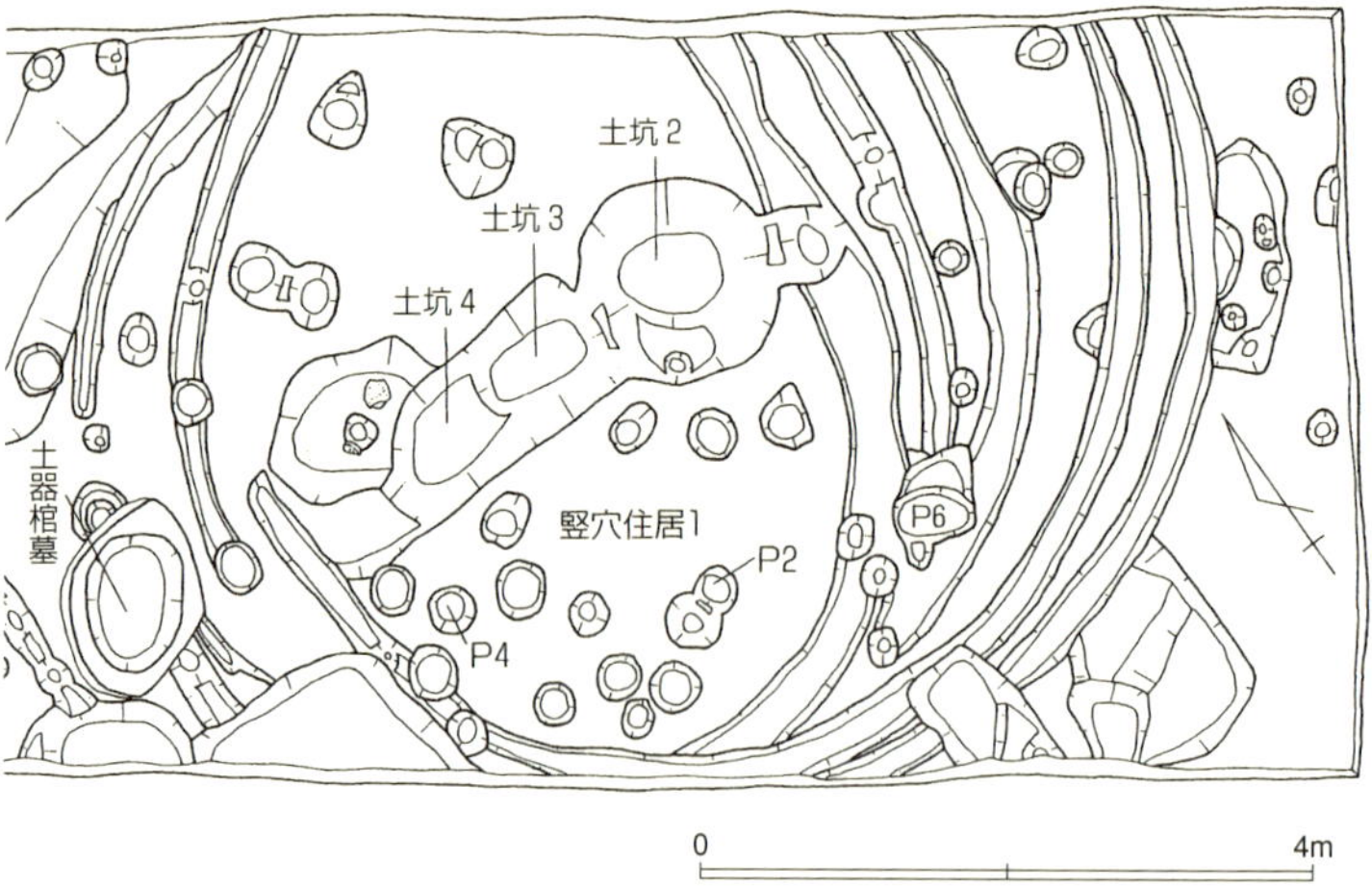


**図49**　竪穴住居（第193次調査）

が二例（第八七・一二〇次調査）ある。炉跡は住居の中央部に検出される場合があるが、壁面は焼けてはいないものが多い。主柱穴については、多数のピットの重複のため、ほとんど特定できていない。また、周壁溝が同心円状に検出され、建て替え痕跡と判断される例も多い。

住居の規模は、大小さまざまである。円形では標準的な大きさが径六メートルで、大型住居で径八〜一〇メートルクラス、小型住居で径四メートルクラスとなっている。最小規模のものは径二・八メートル（第一三二次調査）で、通常の住居とは考えられない大きさである。住居の規模と検出地点の関係をみると、大型住居は検出数六軒のうち、集落中心域三軒（第三二・一四九・一七一次調査）、環濠外南部居住区二軒（第二一・一二〇次調査）、同北部居住区一軒（第九六次調査）となっており、比率的には集落中心域と環濠外居住区では同数となっている。

また、大型住居で時期のわかるものは、各居住区ともすべて中期後半のものである。

　一方、小規模住居は集落中心域に集中する傾向となっている。住居の規模については、単に居住者数を示すものか、あるいは集落内での地位を示すものか、論議をよぶところであるが、当然想定される集落中心域の優位性が単純に竪穴住居の規模に結びつかないことは、集落内社会を考える上で興味深い現象である。

　なお、各居住地内における竪穴住居の在り方については、調査面積が狭いことからよくわかっていないのが現状である。このため、竪穴住居の群構成については未確認であるが、後に述べるように五〜一〇軒から構成される住居群を形成していた可能性が高いと考えている。

### （四）環　濠

　環濠と推定される大型の溝は、六カ所で検出されている。小規模調査が多いため完掘した例はないが、集落中心域を西・南側から囲むものと、遺跡東端部の崖斜面のものに分けて考えている。

　集落中心域を西・南側から囲む溝は五本あり、集落中心域の平坦地がつづく部分を区画する機能をもつと考えている。溝の規模は幅二〜四・八《メートル》、深さ〇・六〜一・八《メートル》で、断面形は溝④（第一八次調査第六トレンチ）のみ深いU字状断面で、他は逆台形状断面である。溝①（第三一次調査）は、中期前半（第Ⅲ様式期古段階）のもので、南北方向に少なくとも五〇《メートル》直進することが確認されており、他の溝のように環状には復元されない。溝②は、中期前半でも第Ⅱ〜Ⅲ様式期古段階と考えられ、最も古い環濠である。これらの溝①・②の存在によって、第Ⅱ〜Ⅲ様式期古段階から集落中心域を囲む環濠が存在していたことがわかる。

溝④・⑤（第一八次調査第六トレンチ、第七一次調査第五トレンチ、第一四五次調査）は、溝①・②のさらに外側をめぐるもので、現在の畑地区画の形状観察より、集落中心域を最も外側から囲む二条の環濠状に復元することができる。時期は、溝⑤からの出土土器によって集落最盛期の中期後半（第Ⅲ様式期新段階～第Ⅳ様式期）のものと考えられ、この時期に集落中心域が拡大したことと関係あるものと推定される。

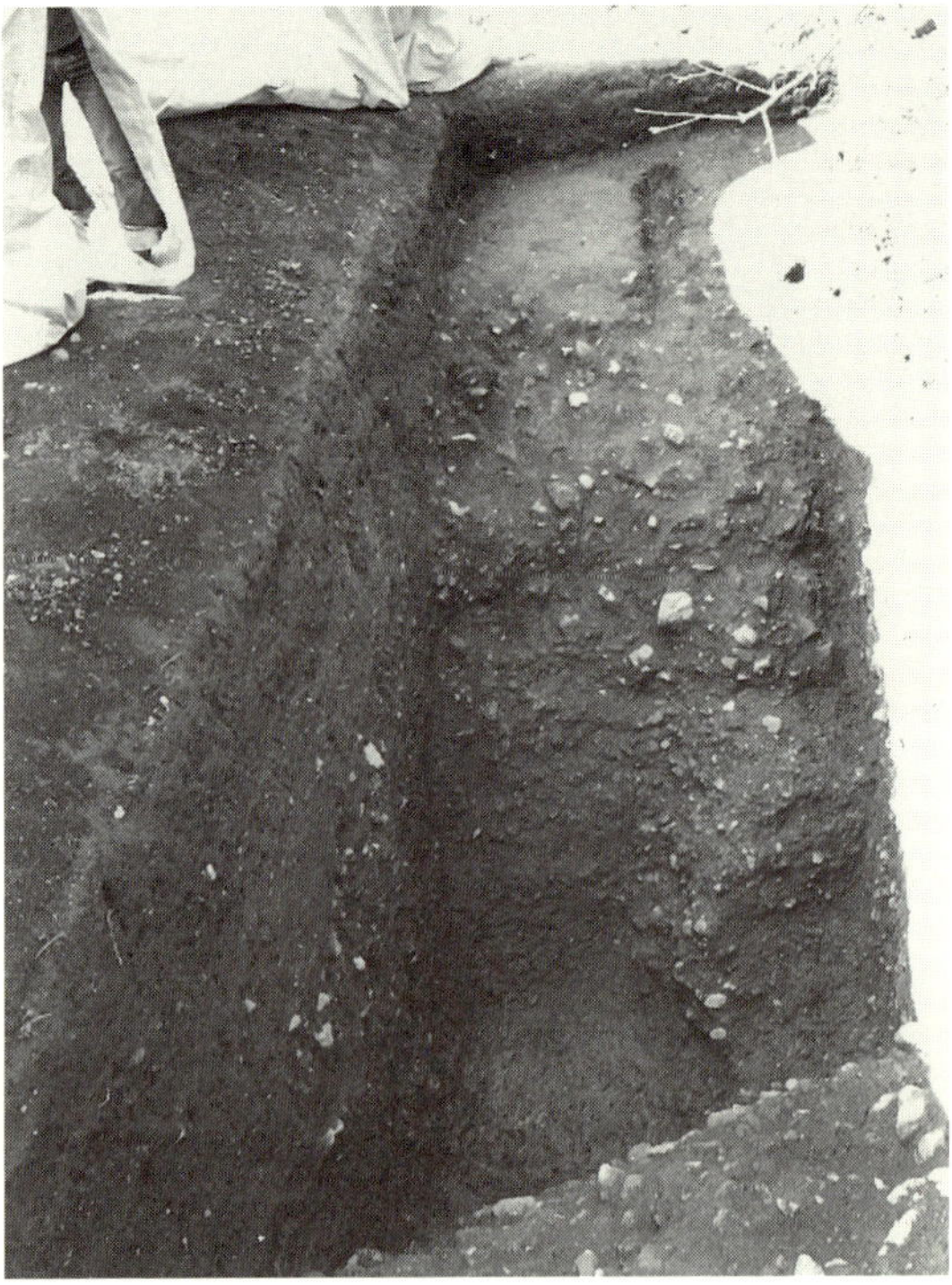

**図50**　環濠（溝④、第18次調査6 T）

興味深いことは、約三五《メートル》ある溝④と溝⑤の間は、これまでの調査でも遺構があまり検出されない地帯となっていることである。このことから、両溝の間は意識的に空閑地として残し、あわせて約四〇《メートル》もの帯状の範囲が集落中心域の区画・防御の役割をはたしていたのではないかと考えられる。

なお、溝④については、第二〇一次調査からする

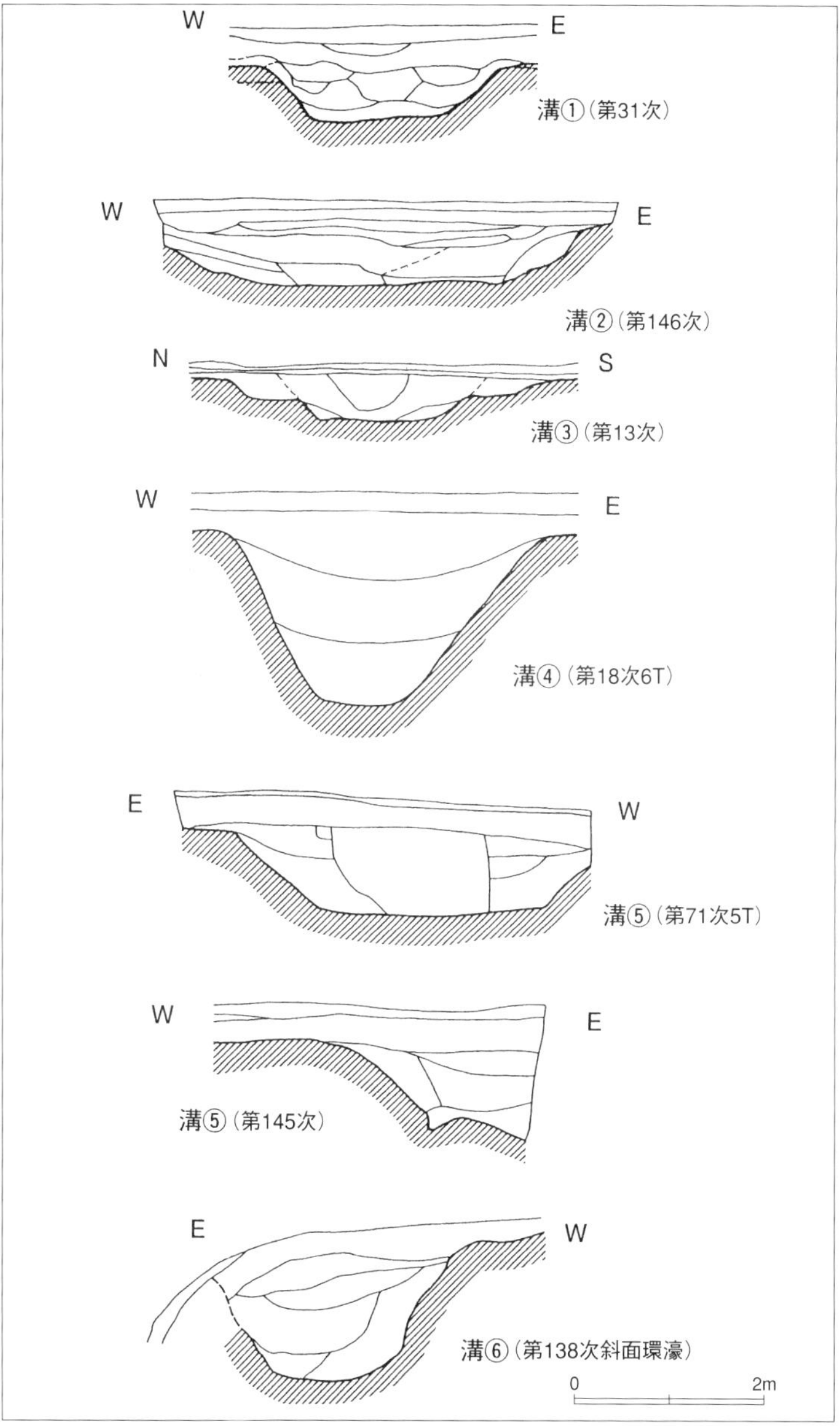
W
E
溝①（第31次）
W
E
溝②（第146次）
N
S
溝③（第13次）
W
E
溝④（第18次6T）
E
W
溝⑤（第71次5T）
W
E
溝⑤（第145次）
E
W
溝⑥（第138次斜面環濠）
0
2m

**図51**　環濠断面集成図

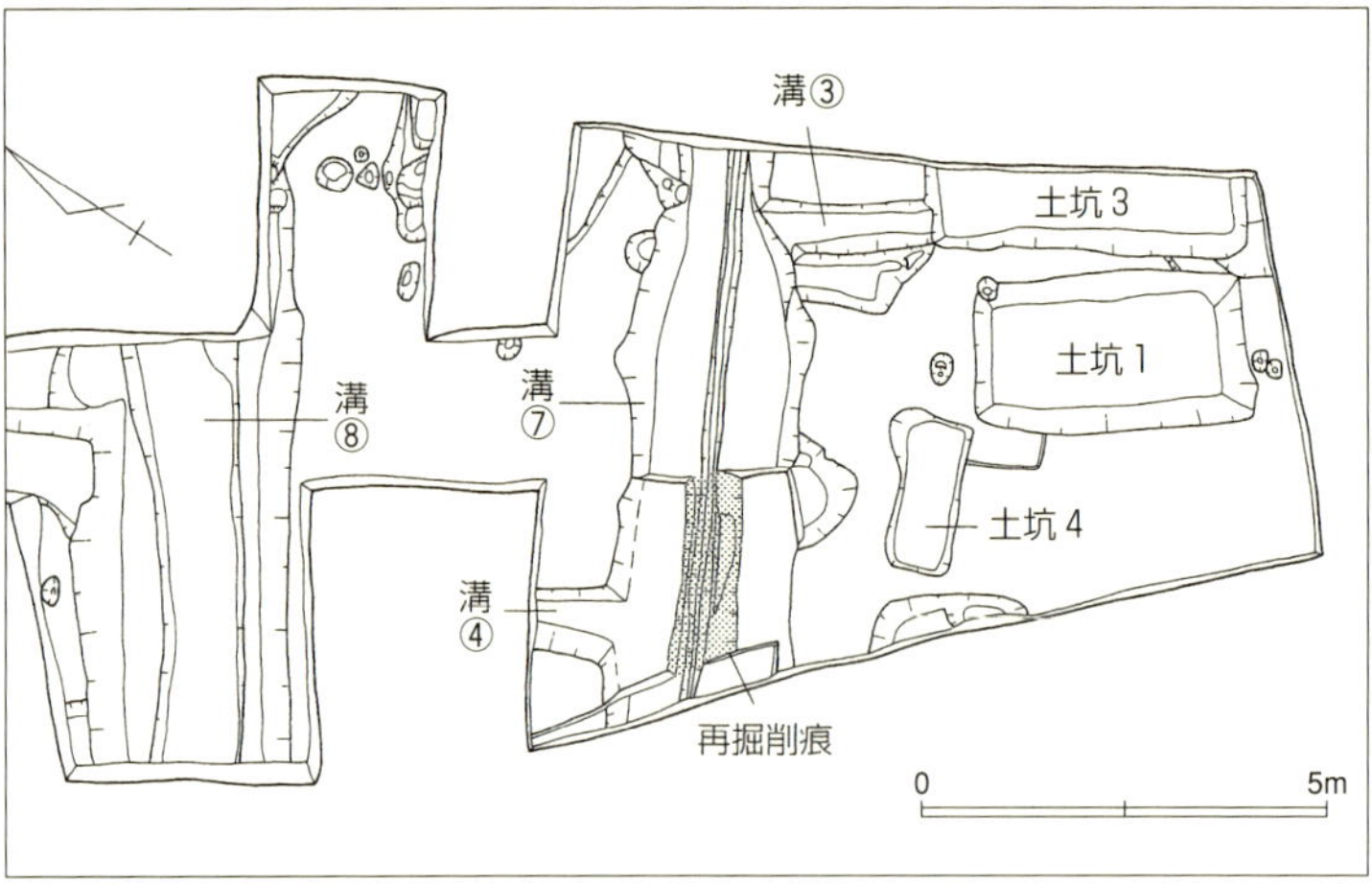


**図52**　環濠入口施設と推定される溝状遺構（第180・202次調査）

と一条ではなく、約三・五メートルの間隔で近接して並行する二条の環濠になる可能性が高くなっている。これは、溝④の名残と考えてきた環濠状にめぐる畑地区画の幅が約一五メートルもあることからも考えられることで、さらに柵列等の区画施設を想定すると、溝④・⑤の機能は集落中心域を区画するというよりも、きわめて防御的な性格をうかがうことができる。また、両溝は北端部で谷Ⅰ・Ⅱにそれぞれ連結していたと見られ、自然地形を巧みに利用した防御ラインを読みとることもできる。

溝④・⑤に関係して、平成十年と十三年に行った第一八〇・二〇二次調査では環濠入口施設らしき遺構も検出されている。その遺構は溝④・⑤の間で検出された二条の溝⑦・⑧である。両溝の規模は幅二・〇～二・五メートル、深さ三〇～四五センチで、中程度の規模の溝であるが、約四・五メートル間隔で並行して溝④・⑤と直交する方向に走っている。

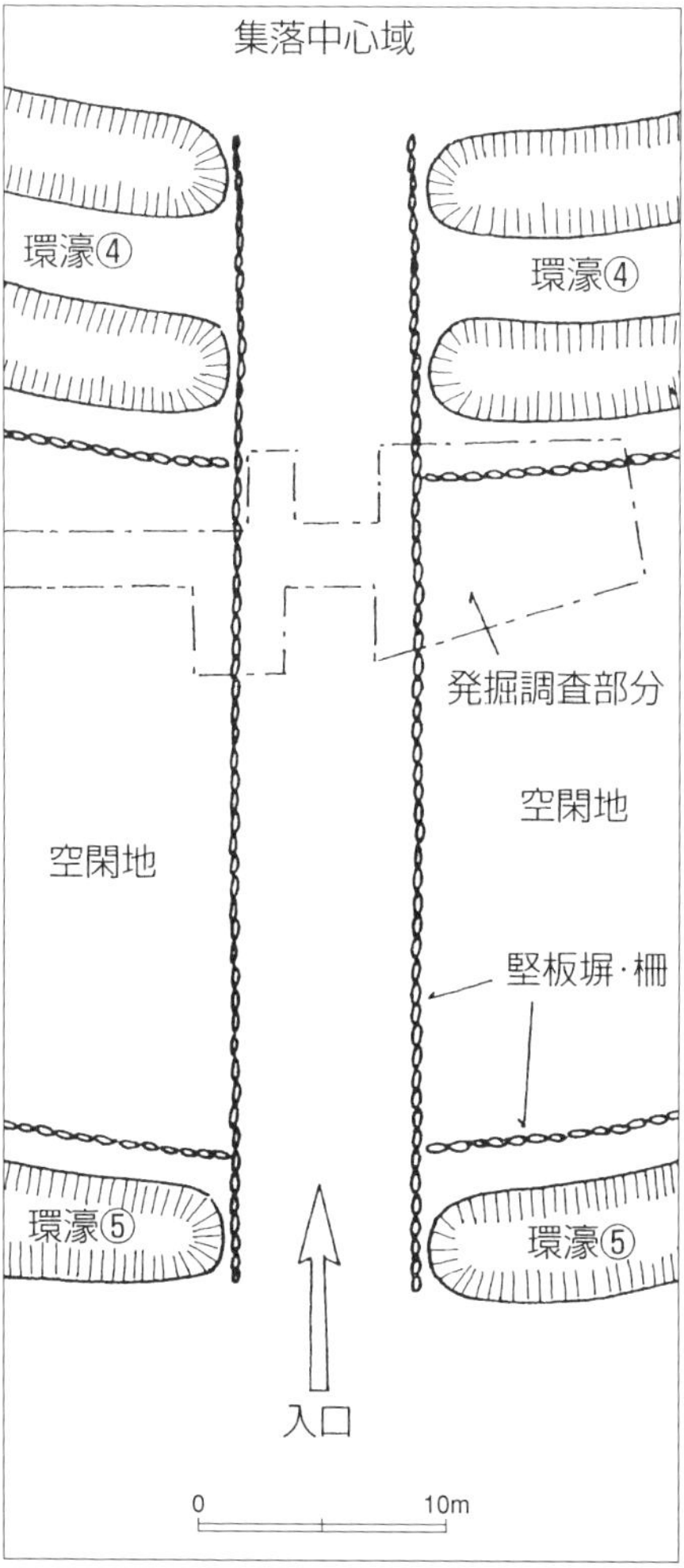


図53　環濠入口施設復元図

このうち南東側の溝⑦は、底の中央に幅二〇センチ、深さ一〇～二〇センチの小溝が掘られており、精査の結果、溝埋没後の上面より小溝に達するV字状断面の再掘削痕が認められた。このことから、溝⑦は通常の溝ではなく、竪板塀か柵列を埋設するための布掘溝で、再掘削痕は廃絶時に竪板塀か柵列を抜き取った痕跡ではないかと考えた。

北西側の溝⑧は溝底に小溝はなかったが、同じく中央に幅約一・〇メートルの再掘削痕があることからすると、両溝をもって幅約六メートルの間隔で並行する竪板塀か柵列で区画された通路状遺構が復元される。さらに、約四〇メートルの間隔で並行する溝④・⑤

も考え合わせると、両溝間の空閑地への侵入を許さず、集落中心域へはこの箇所のみの通行が可能な厳重な環濠入口通路施設ではないかと考えている。完掘されていないので、全貌の解明は今後の調査を待たねばならないが、集落中心域の防御の堅さや、本集落の性格を考える際の重要な遺構である。

一方、平成七年調査の遺跡東側崖斜面の溝⑥（第一三八次調査）は、斜面環濠ともよぶべきもので、調査着手前まで環濠の存在が考えられていなかっただけに注目された。また、急傾斜地での遺構の存在は視覚的にも訴えるものがあり、発表時の反響も大きかった。検出地点は、崖の落差が最も大きい遺跡東側の南寄りの箇所で、幅約二《メートル》、深さ約一・五《メートル》の規模の溝が、台地上面より一〇《メートル》程下ったところで等高線沿いに長さ約五〇《メートル》走っていた。ただし急傾斜地だけに、下側の溝肩はあまり残存しておらず、もとはどれほどあったかは不明である。溝内には第Ⅳ様式を中心とした弥生土器が大量に廃棄されており、第Ⅳ様式期に掘削され、同期末に廃絶した環濠と考えられる。

この環濠の性格としては、集落の防御あるいは防戦のための足がかりとしての用途が考えられよう。溝は通路としても利用でき、ここから弓矢や投石により侵入者を迎撃できるからである。遺跡東側の崖斜面は、北半部では傾斜が強い上に崖裾が最明寺川に接しており防御上適した地形であるが、溝⑥のあたりの南半部になると傾斜はややゆるくなり、川も崖裾から離れはじめており防御上不利な地形となっている。しかも、すぐ上は集落中心域である。このように考えると、溝⑥は東側崖斜面の防御を補強する目的で設けられたものと考えられる。また、溝の長さも東側崖斜面全域をめぐるものではなく、北限は傾斜が強くなる地点の手前までで、南限は溝④・⑤が東側崖斜面に達したであろう地点までの約二五〇メートルの間にかぎり設けられたものと推定される。

環濠については、以上のほか集落中心域、環濠外居住区、墓地をまとめて南側から囲む外濠的な環濠も想定している。発掘調査で確認されたわけではないが、現在の畑地区画より推定される環濠で、集落東端部の崖から西端部の崖まで及ぶ延長約六四〇メートルの長大な濠を想定している。遺跡西端部南寄りの第六九次調査で幅約五メートル、深さ〇・四メートルの谷状地形を検出したことがあったが、この濠の一部にあたるものかもしれない。

### （五）方形周溝墓

方形周溝墓は、墓地内で第Ⅱ～Ⅳ様式期のものが二三基検出されている。調査範囲の制約のため、方形周溝墓と判断できない溝も多数検出されており、基数はさらに増えるものと考えられる。規模についてもわかるものは少ないが、周溝の外側で計ると一辺六～一二メートルの規模となっている。

主体部は、木棺墓が一基だけのものから最大六基のものまである。完掘のもので主体部が一基（第五六次調査）、三基（第一五三次）のものもあるが、その他は調査範囲の制約を考慮するとさらに多くの基数が考えられる。副葬品の出土はなく、周溝内で供献土器が出土するだけである。このほか、周溝内埋葬や、周溝外埋葬もある。土器棺は、周溝区画内の検出例はないが、周溝外に近接する例はある。

方形周溝墓の詳細な群在状況も明らかではないが、検出地点や周溝の方位よりすれば、現状ではおよそ〇・五～一ヘクタールの広さをもつ八つの方形周溝墓群に分けることができる。

各群の時期は、①群の二基（第五五次調査）は

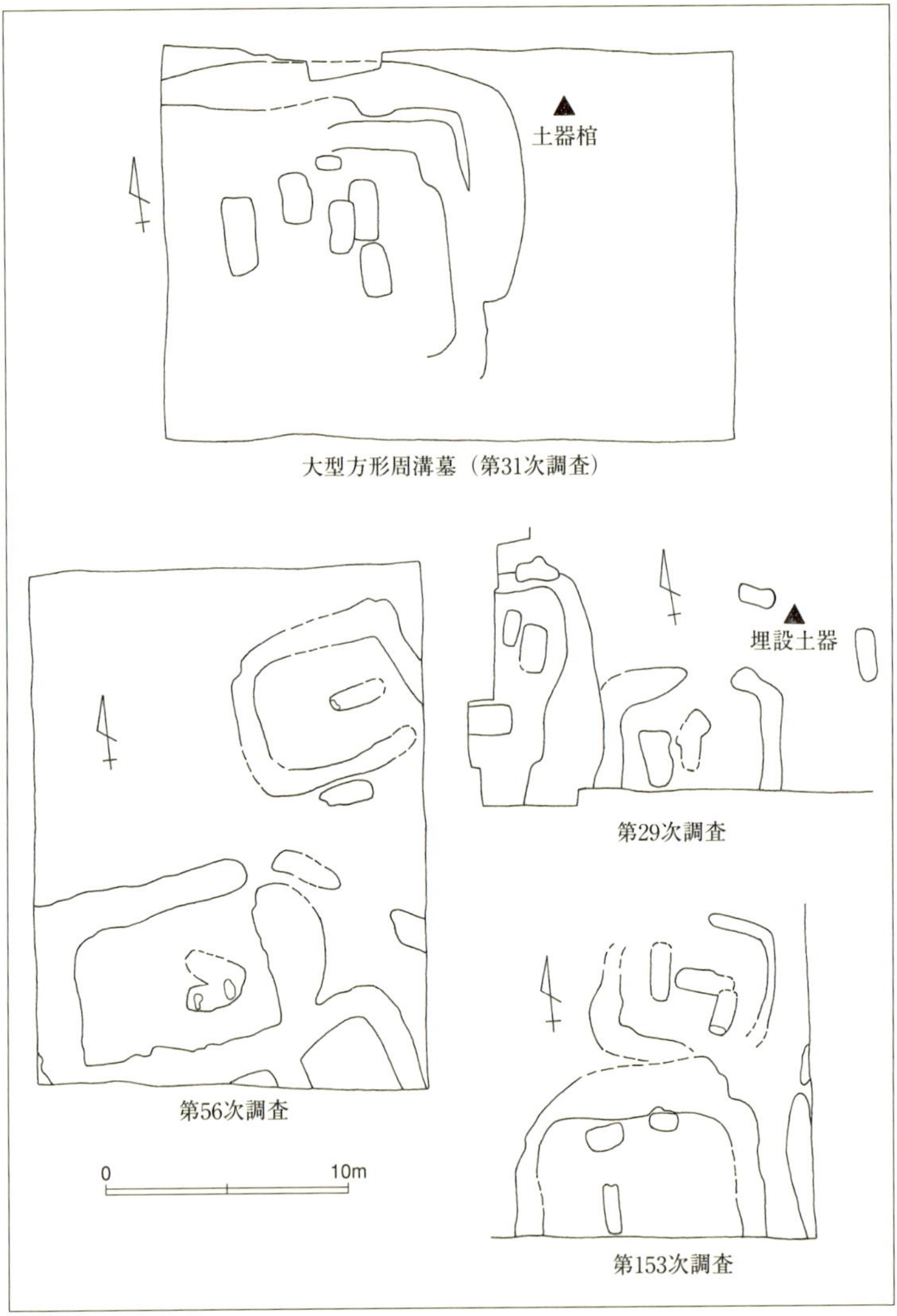


**図54**　方形周構墓集成図

第Ⅱ・第Ⅲ様式期古段階、②群の三基（第一二三・八八・一五一次調査）は第Ⅱ〜第Ⅳ様式期、③群の一基（第一四一次調査）は第Ⅳ様式期、④群の八基（第三五・五六・一五〇・一六八次）は第Ⅲ様式期古段階〜第Ⅳ様式期、⑤群の四基（第一五三次調査）は第Ⅲ様式期古段階〜第Ⅳ様式期、⑥群の一基（第八次調査四地点）は第Ⅲ様式期古段階、⑦群の二基（第二九次調査）は第Ⅲ様式期古段階と、それぞれ各時期の周溝墓で構成されている。ただし、集落中心域に近い①・②群にかぎり第Ⅱ様式期のものが含まれていることからすると、集落形成初期から始まる群と考えられる。また、①・②・④・⑦群に囲まれた地点でも木棺・土壙墓しか検出されていないが、供献土器らしき穿孔土器が出土した溝の検出例（第六〇次調査）もあり、このあたりにもう一群想定することも可能である。

なお、調査面積が比較的広く複数の方形周溝墓が検出された第五六・一五三次調査からすると、これらの群内はさらに小群に分かれるものと推定される。また、現在わかる範囲では周溝の共有例は比較的少なく、他遺跡でみられるような極度に密集した分布状況ではなさそうである。

各方形周溝墓群については、今後詳細な群在状況や形成過程、墓道の復元などのほか、居住地内を構成する集団との対応関係なども視野に入れて検討せねばならないであろう。また、これまで各方形周溝墓群を区画する遺構は明らかではなかったが、最近⑦群内（第二一四・二一八・二一九次調査）で幅約二メートル、深さ四〇〜五〇センチの溝が南北方向に三〇メートル以上の長さで直進することが確認されている。規模から見て方形周溝墓とは考えられず、方形周溝墓群内の区画溝と推定している。

**図55**　溝①と重なる大型方型周溝墓（第31次調査）

## （六）大型方形周溝墓

方形周溝墓は、基本的に墓地内に限定して営まれているが、一基（第三一次調査）のみ例外的に集落中心域内で検出されている。中心域内でも西端の環濠に近接した地点で、周溝の規模は東西一五メートル以上、南北一二メートルで、東西推定規模は約一八メートルの本遺跡では最大規模の方形周溝墓である。主体部の木棺墓も六基と遺跡内で最も多い。時期は中期後半（第Ⅳ様式期）のものである。

発掘調査が行われたのは一九七七（昭和五十二）年で、当時は方形周溝墓の調査が進んでおらず、集落構造もよくわかっていなかったため認識できなかったが、本遺跡最大の方形周溝墓であることと集落中心域内に存在することは関係がありそうである。おそらく、被葬者は大規模集落を統括する立場の者で、集落中心域中央部の方形区画に囲まれた大型建物と同じく中期後半であることとも関係がありそうである。なお、大型方形周溝墓検出地点は、現在国史跡指定地に含まれ、公有化され保存されている。

このほか厳密には集落中心域ではないが、溝④と溝⑤の間で気になる遺構が存在する。前掲の環濠入口通路施設として紹介した第二〇二次調査地点で検出された、長辺が三・五～四メートルに達する大型の長方形土坑二基である。時期は中期前半で、いずれも木棺痕は検出されなかったが、もし墓壙とすれば本遺跡内でも最大規模で、弥生時代のものとしても格段の大きさとなる。周溝は明らかではないが、大型方形周溝墓の可能性も考えられ、先の第三一次調査のものと同じく特殊な位置にあたるだけに、今後周辺の調査が待たれる。

## （七）木棺墓・土壙墓

墓地内には、方形周溝墓以外にも木棺墓三六基と土壙墓二基が検出されている。木棺墓は、本遺跡の場合木棺そのものが残存しているわけではなく、埋土に木棺痕跡が検出されたものである。しかし、木棺痕跡が検出されたものは一三基のみで、他は痕跡が不明確で土壙墓との区別は困難であるが、整然とした長方形状の墓壙のものも木棺墓例に加えている。

検出地点は、方形周溝に近接して明らかに方形周溝墓にともなうものと、方形周溝墓とは別に群在するものとに分かれる。各調査地区の範囲が狭く、両者の区別はつけにくいが、群在が確実なのは墓地西端部の第二六・三四・五〇・一一〇・一四三次調査地点で、一六基がまとまって検出されている。これらは、さらに各調査地区内でたがいに近接して方位をそろえた小群を形成しており、重複することもなく、計画的に埋葬された近親者からなる墓群としてとらえることができる。ただ

**図56**　A・B両形式の木棺墓（第64次調査）

し、各小群の在り方があまりにも整然とまとまっていることから、周溝が削平され主体部だけが残存したものとみる考え方もある。また、方形周溝墓が大半を占める約七㌶の墓地内のうち当木棺墓・土壙墓群がわずか〇・五㌶であることをどのように考えるのかも問題である。

木棺墓の形式については、墓壙の両短辺側の底に小溝を設けたもの（A形式）と、設けないもの（B形式）との二形式に分かれる。A形式の小溝は、棺材うち両小口板の下部を地面に埋めて固定するためのもので、側板はこれに添わせてH形に組み合わせたものと推定される。B形式は底板の上に小口板と側板を載せて組み合わせたもので、棺材組み合わせのための高度な加工技術がうかがわれる。両者の比率を見ると、A形式は八基（二二％）、B形式は二八基（七八％）で、前者の比率は低い。また、方形周溝墓の主体部や周溝内埋葬でも、木棺墓二四基のうちA形式は四基（一七％）しかなく、少ないことには変わりがない。

この棺材組み合わせの両形式差の要因については、地域間婚姻における出身地域差の反映と見る考え方もあるが、今のところ明らかではない。なお、第六四次調査では、中期前半（第Ⅲ様式期古段階）のA・B両形式の木棺墓が密接して検出されたが、B形式の墓壙をA形式の墓壙が切っていた。両木棺墓は時期を経ずして近親者が埋葬されたものと考えられるが、異なる形式の木棺が採用されていることは興味深い。また、完掘や完掘に近いと判断される方形周溝墓の主体部例では、二基がそれぞれA・B両形式（第五六次／第Ⅲ様式期古段階）、二基のいずれもがA形式（第二三次／詳細な時期不明）、三基のいずれもB形式（第一五三次／第Ⅲ様式期新段階）、六基のいずれもがB形式（第三一次／第Ⅳ様式期）などさまざまである。両形式を時期差とみるには判断材料は乏しいが、その他の方形周溝墓例を考慮すると、中期前半はA・B両形式が混在し、後半にはA形式が少なくなるという傾向をうかがうことができる。

なお、木棺墓・土壙墓には方形周溝墓の主体部と同様に副葬品は認められない。ただし、石鏃の出土が二例（第六二次調査・第六四次調査二号木棺墓）あり、戦死者の墓の可能性を考えている。

## （八）土器棺墓

乳児や胎児用の棺と考えられる土器棺墓は、発掘調査で一三基検出され、採集資料の四例を加えると一七基となる。すべて日常用の土器を転用したもので、壺が一三基、甕が四基と、壺が圧倒的に多い。土器棺よりやや大きな土坑内に埋納されるが、立てて埋納したもの、斜めに寝かしたも

**図57**　土器棺墓（第31次調査）

の、横に寝かしたものというように、さまざまな埋納方法が見られる。立てたものはすべて壺で、口頸部は打ち欠かれている。蓋は、脚部を打ち欠いた高坏や鉢、土器の胴・底部等を転用しているが、高坏の使用例が圧倒的に多い。その他、破砕した土器片で土器棺を覆うていねいな埋納例も少なくない。

土器棺墓の検出地点は、中心域六基、環濠外南部居住区三基、環濠外北部居住区一基、墓地四基となっており、墓地にくらべ居住区内での検出例が多い。ただし、居住区内、墓地内を問わず、複数埋納や群在は認められない。居住区内では特定の遺構と関連づけが可能な例は少ないが、第一五・一九三次調査例のように竪穴住居に近接して埋納されたものと考えられる。中心域内でも一基（第三一次調査）だけは、大型方形周溝墓の周溝外に近接したものである。墓地内でも、方形周溝

**図58**　区画施設と推定される溝状遺構（第216次調査）

墓の周溝外に近接した例（第八次―四・第一五三次調査）や、木棺墓群に近接した例（第三四次調査）はあるが、単独での検出例はない。また、周溝区画内の埋納例はないが、盛り土の削平とともに失われた可能性も考えられる。このように、土器棺は居住区や墓地にかかわらず、住居や方形周溝墓などに付随して単独で埋納するという葬法をうかがうことができる。

## （九）その他

発掘調査では、上記の遺構以外に用途がよくわからない遺構がたびたび検出されている。今後の検討課題でもあり、いくつかを紹介したい。

環濠外南部居住区の第一九〇次調査の土坑4は、幅八〇センチ、長さ四・八メートル、深さ七〇センチの溝状遺構で、中期前半のものである。遺構内の一部は焼け、炭や焼土とともに二～三センチ大の焼土塊が出土している。焼土塊は、近隣の第一五七・一八七次調査でも出土しているが、土器焼成にともなう粘土製の覆いの可能性があり、土坑4は土器焼成のための遺構ではないかと推定している。

同じく第一九〇次調査の土坑10は、径約六《メートル》、深さ七〇《センチ》の楕円形の土坑で、中期初頭（第Ⅱ様式期）のものである。この土坑の不自然なところは、下層五〇《センチ》分を砂礫で人為的に埋め戻している点である。深さや埋土の状況から通常の竪穴住居とは考えられず、金属関係などの工房跡の可能性も考えたが、それを裏づける遺物は確認されていない。

環濠外居住区東部の第二一六次調査では、幅約四〇《センチ》、深さ三〇《センチ》、長さ三・六《メートル》以上の直進する溝1が検出された、時期は中期前半（第Ⅲ様式期古段階）である。本遺跡で検出される溝の多くは、断面が逆台形状のものがほとんどであるが、この溝の場合は両側面の掘り方が垂直、底も平坦で整然とした形状であった。しかも、両側面の風化はほとんど認められず、排水用の溝とは考えられないことから、溝内堆積土に痕跡は検出されなかったものの、掘削した後すぐ埋め戻された竪板塀か柵列などを埋設するための布掘溝と推定した。竪板塀埋設のための布掘溝は、大型建物を囲む方形区画溝（第一二五次調査）の例があり、竪板の痕跡も検出されている。しかし、第二一六調査のものはさらに掘り方が大きく、形状も整然としていることから、構造的にも厳重な区画施設であったと推定される。同地点は、環濠外居南部住区の東端部にあたるが、集落中心域以外にこのような区画施設が存在することは注目しなければならないであろう。

## 3　遺　物

### （一）弥生土器

加茂遺跡の発掘調査出土遺物は、関西大学・関西学院大学により実施された第一～九次調査を除くと、遺物収納用コンテナで約一二〇〇箱分出土している。大半は弥生時代中期の土器であるが、大量の土器散布地として知られた本遺跡での発掘調査面積約二ヘクタルの割には少ない出土量である。ナイロン袋で数袋分の出土しかなかった調査でもコンテナ単位で収納していることを考慮すると、さらに少なくなる。その原因は、弥生土器の廃棄はかならずしも集落内で行われなかったことや、これまで集落中心域の発掘調査が比較的少なかったこと、土器出土量が少ない墓地での調査を合わせた量であることなどであろう。ちなみに、集落中心域中央部の大型建物検出地点（第一一七・一二五次調査）では一平方メートルあたりコンテナ一箱分の弥生土器が出土しており、かつての遺物散布量の土器量の多さがしのばれる。

個々の発掘調査出土土器の詳細については、各調査報告書で報告してきたが、総合的な分析・研究については今後の課題となっている。ここでは、代表的な遺構を中心に弥生時代中期の各時期の土器の概観を見てみたい。

**第Ⅱ様式**　当時期の遺構で一括遺物として扱えるのは、第五五次調査方形周溝墓1下層出土土器（1～3、6～9）だけで、このほか第八二次調査六層（5）、第一九〇次調査土坑10（4）などの出土土器があるが、量は少ない。

土器の特徴は、壺（1～4）では口縁端部のヨコナデは弱く、ほとんど肥厚しない。文様は、櫛描直線文・波状文・流水文等が見られるが、無文

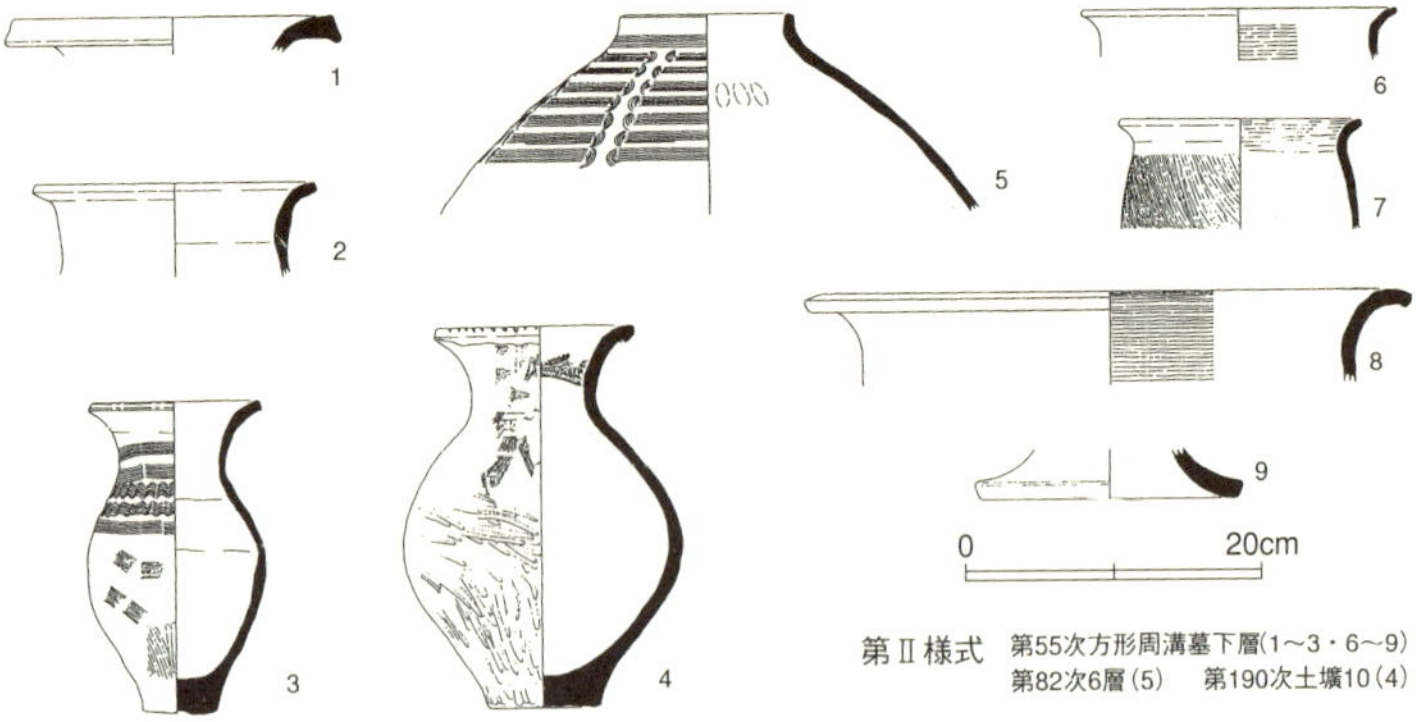


**図59**　弥生土器－１

のものもある。甕（6～8）は、口縁が屈曲せず、ゆるく外反する。このほか、脚端部の肥厚しない高坏脚部（9）がある。

**第Ⅲ様式（古）**　一括遺物は、第一五三次調査方形周溝墓1（10～17）と第五五次調査土坑2（18～41）から出土しているが、基本的に前者の方に古い要素が見られる。壺では口縁端部の調整が発達し、肥厚したもの（11、18～21）のほか、垂下したもの（21～25）など多彩となる。また、口縁が短く外反するもの（13、26、28）や、立ち上がるもの（14、29～31）等もある。31は、生駒西麓産の搬入品である。甕（15、34～37）は、頸部が「く」の字状に屈曲し、口縁端部をわずかにつまみ上げたものが多い。文様は、壺の口縁内・端面、鉢の口縁外面等を各種の櫛描文で飾るが、壺口縁内面は同心円文が多い（22、25）。断面三角突帯は壺の口縁端面（12、

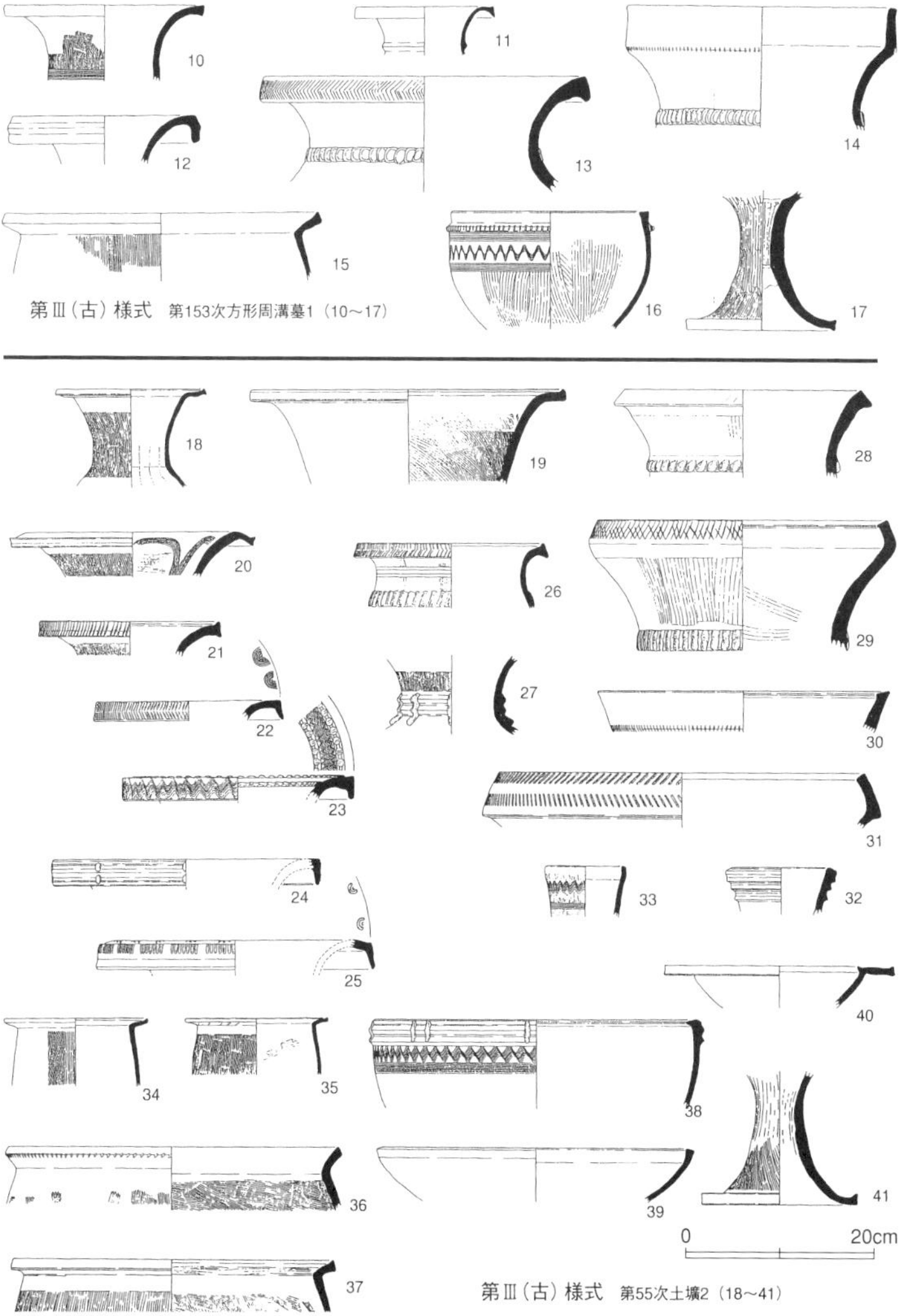
10
11
12
13
14
15
16
17
第Ⅲ（古）様式　第153次方形周溝墓1（10～17）
18
19
28
20
26
29
21
27
22
30
23
31
24
33
32
25
40
34
35
38
41
36
39
0
20cm
37
第Ⅲ（古）様式　第55次土壙2（18～41）

**図60**　弥生土器－2

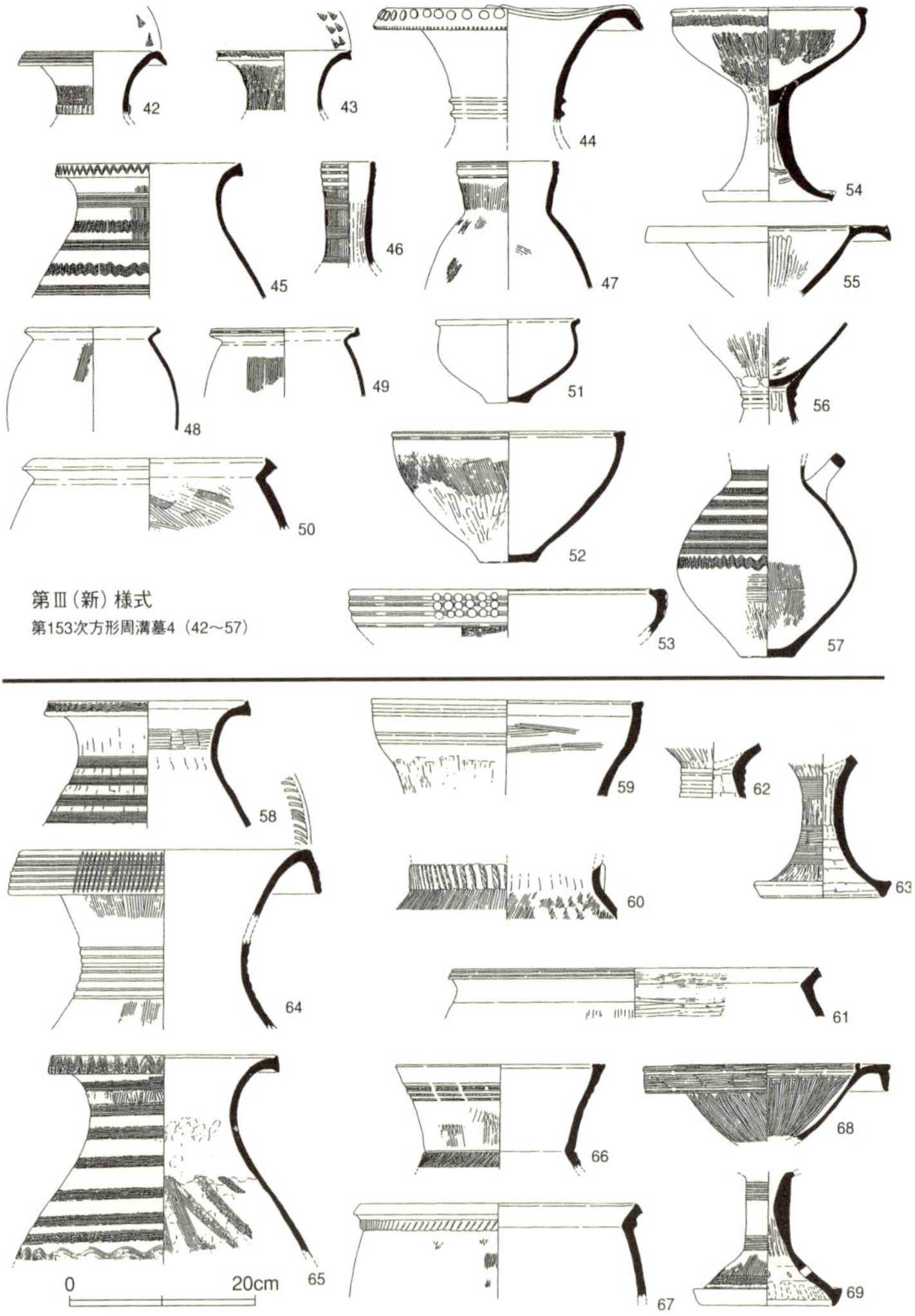


第Ⅳ様式　第141次竪穴住居98（58～63）　第153次土壙36（64）　第138次溝1（65～69）

**図61**　弥生土器－3

24)・頸部（27）、鉢の口縁外面（16、38）に、指頭圧痕文突帯は壺でも口縁が短く外反するものと立ち上がる形式の頸部に見られる（13、14、26、28、29）。

**第Ⅲ様式（新）**　第一五三次調査の方形周溝墓4より一括遺物が出土している（42〜57）。壺は、口縁端部が垂下したもの（42、44）が増え、太い頸のもの（45）も見られる。甕の口縁は、小型では端部のつまみ上げが顕著になり（48、49）、大型では上下の拡張が明瞭となる（50）。高坏の水平口縁端部は、下方にやや拡張する（55）。文様は、壺口縁内面では前時期には少なかった扇形文が主流を占めるようになる（42、43）。凹線文は壺・甕口縁端部、鉢口縁外面などに現れるが（46、47、49、52、53）、断面三角突帯も壺頸部、高坏脚柱部に残っている（44、56）。

**第Ⅳ様式**　第一四一次調査住居98（58〜63）、斜面環濠にあたる第一三八次調査溝1（65〜69）などから一括遺物が出土しているが、前者の方が古いと考えられる。同時期のものとして掲載した第一五三次調査土坑36の壺（64）は、大きく垂下した口縁外面と頸部に凹線文が付き、棒状浮文を省略したヘラ描き直線文が縦方向に施されている。口縁内面の扇形文も、櫛先刺突文へと変化する。また、壺・甕頸部の指頭圧痕文突帯もヘラ先圧痕文突帯に変化している（60、66、67）。水平口縁をもつ高坏（68）は、口縁端部が垂下して凹線文が付くが、脚柱部にも凹線文が付くもの（62）のほか、櫛描直線文が目立ち（63、69）、裾内面はヘラケズリが主流となる。脚部の裾が直線的に開くもの（69）は新しい傾向と考えられる。

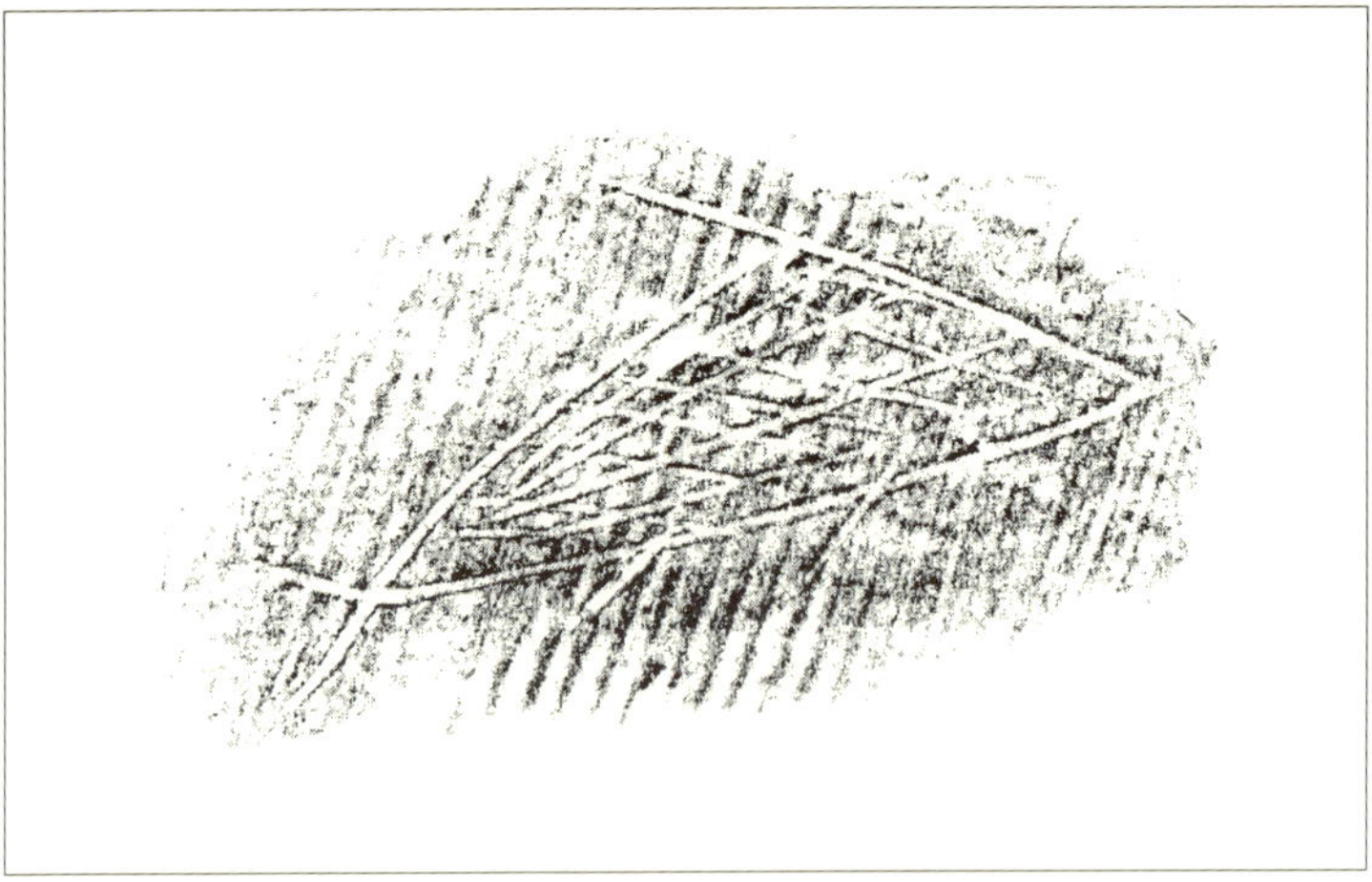

**図62**　絵画土器「魚」（第84次調査）

## （二）絵画土器

絵画土器は、採集と発掘調査で二〇点出土しているが、一点除きすべて中期のものと考えられる。出土地点は、第七〇・一八〇次調査や斜面環濠が検出された第一三八次調査地点など集落中心域やその近辺に多いが、一点のみ環濠外北部居住区の第八四次調査地点で出土している。

絵画の内容は、小片が多く絵画全体や土器の全体器形もわからないものが多いが、「建物」、「鳥」、「魚」などが知られる。なかでも、環濠外北部居住区の第八四次調査出土品は、甕の外面に「魚」の絵画が描かれていた。この甕は、細かく破砕された後、柱が抜かれた掘立柱建物の柱痕内に詰められていたもので、出土状況のわかる貴重な例である。甕の器形からすると他地域からの搬入土器の可能性があるが、内面には朱が塗られており、祭祀関係の特殊な土器と推定される。

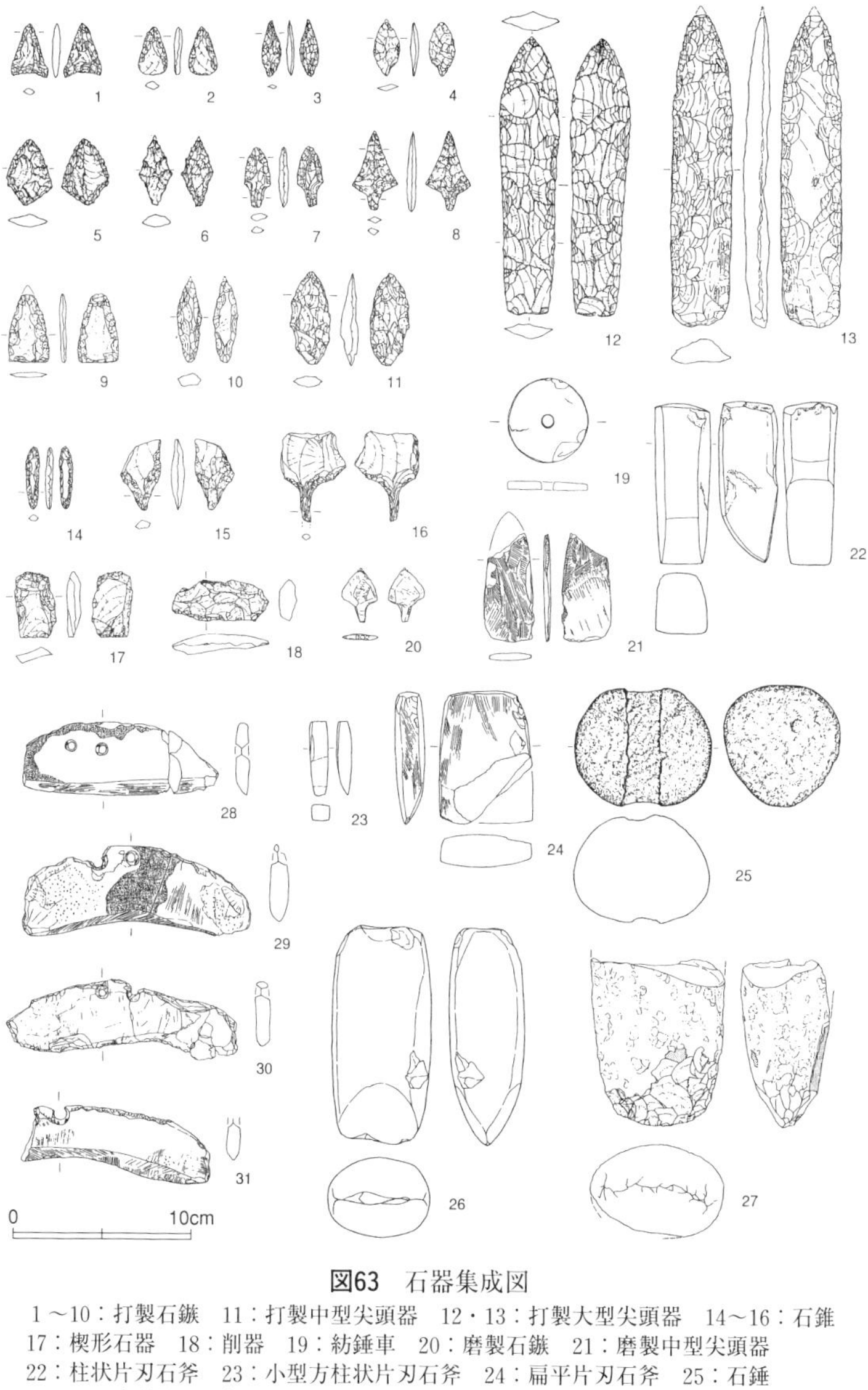


**図63**　石器集成図

1～10：打製石鏃　11：打製中型尖頭器　12・13：打製大型尖頭器　14～16：石錐
17：楔形石器　18：削器　19：紡錘車　20：磨製石鏃　21：磨製中型尖頭器
22：柱状片刃石斧　23：小型方柱状片刃石斧　24：扁平片刃石斧　25：石錘
26・27：太型蛤刃石斧　28～31：石庖丁

**図64**　サヌカイト集積遺構（第23次調査）

## (三) 石　器

石器は、打製石器では石鏃、石錐、石剣、楔形石器等が出土している。石鏃や石剣は粗い調整のものが多いが、一部には精美な調整のものも見られ、搬入品の可能性を考えている。石材は、大半が二上山産サヌカイトであり、金山産サヌカイトも若干見られる。

打製石器石材に絡む興味深い遺構としては、遺跡東部の第五次調査と西部の第二三次調査で検出されたサヌカイト剥片集積遺構がある。このうち第二三次調査地区では、南北二九センチ、東西二三センチの範囲に重さ三二七五・五グラム分の二上山産サヌカイトが一七一片、約一〇センチの高さで立て並べられていた。木棺墓の北側約五〇センチの位置にあたるが、環濠外北部居住区に近い地点でもあり、副葬品的なものか石器制作にかかわるものかは不明である。なお、打製石器制作の際に生じるサヌカイト剥片は、集落中心域、環濠外南・北居住区の全域から出土しており、特定の制作場所はなかったようである。

磨製石器は、石鏃、石剣、石庖丁、太形蛤刃石斧、柱状形刃石斧、扁平片刃石斧などが出土している。磨製石鏃は打製石鏃にくらべると、出土量は極端に少ない。太形蛤刃石斧は、長さ一五センチ以下の小型品と、推定長二〇センチを超える大型品に分かれるが、後者では刃部か基部のみの欠損品が多い。石庖丁、磨製石斧の未製品は、環濠内外居住区の関係なく出土しており、打製石器と同じく特定の制作場所は考えられない。また石材は、石庖丁は泥岩、頁岩、泥岩・砂岩の互層、太形蛤刃石斧では砂岩などであるが、これらは加茂遺跡北方に広がる丹波帯・超丹波帯のものである。石材調達は、猪名川の河原か、あるいは岩盤露頭かは現在のところ特定はできないが、打製石器石材にくらべて有利な環境にあったといえよう。なお、石庖丁には一部黒色片岩がみられたり、武庫川流域の「塩田石」という指摘もあり、他地域からの搬入石材も使用されたようである。

# Ⅳ　弥生時代中期の大規模集落をめぐる諸問題

これまでみてきたように、加茂遺跡では二一一次の発掘調査が実施されて、旧石器・縄文時代から平安時代にいたる集落の実態が明らかになってきた。調査成果の分析・研究など今後取り組まねばならない課題は多いが、中心となるのは最盛期となる弥生時代中期の大規模集落であろう。従来この種の大規模集落は「大規模環濠集落」とよばれてきたが、「環濠に囲まれた集落」という概念ではとらえきれないほどの集落内容が明らかになってきている。ここでは、最終章として本遺跡の弥生時代中期の大規模集落をめぐる問題点について検証を試みたい。

## 1　集落構造について

### (一)　構造性・重層性・企画性

加茂遺跡の弥生時代中期集落の特徴は、居住区や墓地が自然のままに拡大し漫然と広がっていたのではなく、集落中心域を中心とした明確な構造をもっていることである。弥生時代の大規模集落が構造性をもつということは重要であり、集落内社会を解明するための大きな手がかりとなる。

重層性とは、居住区の構造において、環濠に囲まれ立地的に優位な集落中心域が「主」の立場であり、環濠外の南北二カ所の居住区が「従」の立場であったことがうかがわれる点である。中心域内では、方形区画に囲まれた大型建物とその周辺に想定される中央施設が中心となり、周辺には竪穴住居からなる居住区が広がっていたと考えられるが、先に指摘した段状地形の内外でも格差があった可能性が考えられる。また、二つの環濠外居住区でも、南部居住区の方が規模が大きく形成時期が早いことから、立地条件が良好ではなく、小規模な北部居住区に対して優位であったと考えられる。まさに、集落中心域中央部を核とした、求心的な構造である。これらの集落構成要素が出そろい、規模が最大となる時期は中期後半であった。

ただし、各居住区の検出遺構を比較した場合、かならずしも優劣関係を認めることはできないのも事実である。たとえば、竪穴住居の規模を比較した場合、当集落の平均規模である径約六メートルを大きく上回る径八〜一〇メートルの大型円形住居は中心域内に三軒存在するものの、環濠外南部居住区でも二軒、環濠外北部居住区でも一軒検出されており、各居住区間での規模差はみられない。一方、小型の竪穴住居の場合は逆に集落中心域に集中する傾向もうかがえる。また、中心域中央部の大型建物以外の掘立柱建物は、小規模とはいえ環濠外南部居住区で五軒、環濠外北部居住区でも三棟検出されている。竪穴住居の規模や掘立柱建物の存否をどのように考えるのかも問題であるが、これらの要素にかぎると中心域の優位性を指摘することは困難である。なお、先に紹介した「魚」を描いた絵画土器も環濠外北部居住区から出土しており、単純な優劣関係に帰結することができないこ

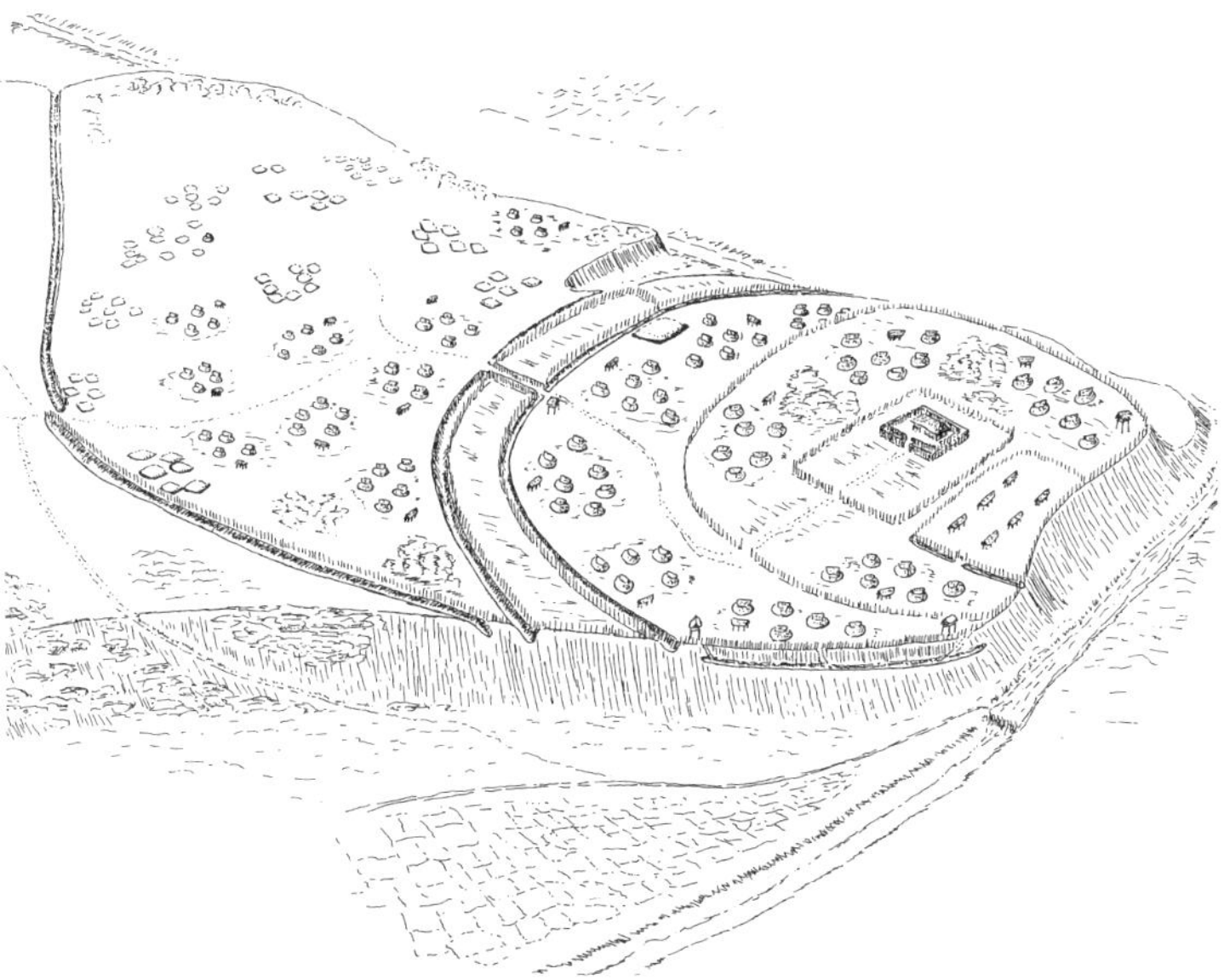

**図65**　最盛期の加茂遺跡復元図

とを物語っている。

墓地の重層性は、墓地内における方形周溝墓群と西端部の木棺墓だけの群という区分に現れている。さらに各方形周溝墓では、周溝区画内の主体部に対して周溝内埋葬や周溝外埋葬という序列が認められる。また、これらとは離れた集落中心域内の大型方形周溝墓は、あたかも集落中心域中央部の大型建物のように特別な位置づけが考えられよう。ただし、ごく少数の大型方形周溝墓とかぎられた範囲における木棺墓群に対して、大多数は均等な規模の方形周溝墓群を形成しており、ピラミッド形の序列構成は認められない。

企画性とは、このような重層性が集落構造に表現されている点である。集落中心域を代表とする三居住区の形成が、集落の発展・拡大というだけでなく、中期後半に大型建物や環濠などの整備とともに整う背景には、なんらかの意図を読みとる

図66　斜面環濠での戦い推定図

ことができるのではなかろうか。そこには、集落統括者の存在を想定することも可能である。また、集落中心域中央部分の地形整形が行われたことと、それに漢尺の一千尺（約二三〇メートル）が基準とされた可能性のみられる点は、従来の弥生集落のイメージからはかけ離れた企画性もうかがわれ、今後発掘調査で検証していくべき重要課題である。

## (二) 防御性

本集落は、上記の特徴と同時に防御的な要素も兼ね備えている。まず、集落立地の地形環境としては、直下に最明寺川が流れる比高差約五〜二〇メートルの台地突端部を選んでおり、しかも崖の高さが約二〇メートルと最も高い台地突端部の最高所を集落中心域としている。これに加えて、人為的に中心域の平坦地側を幾重かの環濠で囲み、崖の一部にも環濠を設けることや、居住区と墓地を一括して外濠で囲んでいた可能性も考えられることなど、防御性がきわめて高い点が指摘される。

　環濠については、低地集落で論議されるような洪水対策を考慮する必要はなく、また中心域を象徴的に表現する要素以上に防御を意図した集落構造であったことはまちがいないであろう。先に推定した環濠入口通路施設も考え合わせると、外部から集落中心域にいたるにはかぎられた通路しかなく、閉鎖的な集落のイメージが強い。このような防御を必要とする背景としては、後に詳しく検証したいが、集落が直接攻められるような情勢下にあったものと考えられる。

### (三)　大規模性

　本集落の規模は、畿内の弥生時代集落では最大規模とされる奈良県唐古・鍵遺跡（三〇㌶）には及ばないが、大阪府池上曽根遺跡とはほぼ同規模で、最大クラスの集落の一つに数えることができる。

　大規模であることの基本的な要因は、居住区の広さにある。最盛期の集落中心域の広さは八㌶で、これだけでも大集落といってもおかしくないが、さらに環濠外南部居住区四㌶、同北部居住区〇・五㌶が加わり、合計一二・五㌶の規模となる。これは、通常の規模集落にくらべると約一〇倍の大きさで、大規模とされる集落にくらべても数倍にあたる広さである。居住区の規模と時期との関係については、先に述べたように、中期後半に中心域の拡大・整備とともに、環濠外南部居住区の拡大や同北部居住区の成立があり、最大面積となっている。居住区の広さとは人口の集中を意味するが、後に検討するように、最大時の竪穴住居数は約一〇〇軒で、人口は約五〇〇人と推定している。

## 2　集落内人口の試算

大規模集落といえば、どれほどの数の人びとが住んでいたのかという疑問がまずでてこよう。ここで本集落の人口を推定してみよう。神奈川県大塚遺跡では環濠内（約二ヘクタール）がすべて発掘調査され、一時期で三〇軒の竪穴住居があったと推定されている。この事例を参考にして試算すると、本集落の中心域八ヘクタールのうち実際の居住区域はおそらく六ヘクタールほどで約九〇軒、環濠外南部居住は四ヘクタールで約六〇軒、同北部居住区は〇・五ヘクタールで約八軒となり、合計約一五八軒の住居数が割り出される。一住居五人の居住を推定すると、集落全体で人口がおそよ八〇〇人となる。

しかし、本遺跡の居住区内が大塚遺跡と同様の住居密集度であった確証はないので、これまでの調査面積のなかでの弥生時代中期の竪穴住居検出軒数をもとに延べ住居軒数を算出してみよう。六ヘクタールと考えられる集落中心域の居住区では、調査面積約三三〇〇平方メートルで二九軒検出されているので、延べ五二七軒となる。同様に四ヘクタールの環濠外南部居住区では調査面積約二七〇〇平方メートルで一三軒検出されているので延べ一九三軒、〇・五ヘクタールの同北部居住区では調査面積約一六〇〇平方メートルで四軒検出されているので延べ一三軒となる。ただし、数回の建て替え痕跡のある住居も一軒と数えていることや、周壁溝の一部しか円弧状に検出されない例も多いことから、完全に削平されたものもあったことを考慮し、仮に一割増しとすると、集落中心域では五七九軒、環濠外南部居住区では二一二軒、同北部居住区で一四軒という結果が得られる。これを面積あたりの住居数に換算すると、

**図67**　最盛期の加茂遺跡復元ジオラマ

集落中心域では一〇四平方メートルに一軒、環濠外南部居住区では一八九平方メートルに一軒、同北部居住区では三五七平方メートルに一軒となる。集落中心域の数値は環濠外南部居住区のおよそ二倍となり、延べ住居数密度がいかに高かったかがわかる。環濠外北部居住区の密度はさらに低いが、ほぼ第Ⅳ様式期に限定される短期間の居住区であることを考慮すると、環濠外南部居住区の密度とほぼ同数となり、集落中心域と環濠外で際だった差をうかがうことができる。

これらの数字から一時期同時に存在した住居数を算出することはむずかしいが、集落中心域と環濠外南部居住区の場合は第Ⅲ・Ⅳ様式期の間に建てられた住居の総数で、およそ二〇〇年の間に一〇回の建て替えを想定すると、集落中心域で平均住居数五八軒、環濠外南部居住区で二一軒という数となる。環濠外北部居住区の場合は、ほぼ第Ⅳ

様式期だけの短期の居住区であるので、八〇年間に四回の建て替えを想定すると、三～四軒となる。しかし、住居が徐々に増加する傾向も考慮すると、第Ⅳ様式期の最盛期には集落中心域で約七〇軒、環濠外居住区で約二五軒、環濠外北部居住区で約五軒、合計およそ一〇〇軒の住居数を考えるのが妥当ではなかろうか。住居一軒あたり五人の居住を想定すれば、集落の総人口はおよそ五〇〇人の規模である。

集落中心域の最盛期の住居数約七〇軒という数字は、別の視点からもみても根拠のある数字である。じつは、一九九八（平成十）年川西市文化財資料館で最盛期の加茂遺跡を再現した手作りのジオラマ（五〇〇分の一）を作製したことがある。来館者に集落の巨大さや内容を実感してもらうためのものであったが、その頃集落中心域の住居数は約六〇軒と推定していたので、その数のミニチュア住居を置いてみた。その結果、中心域内はほぼ住居でいっぱいの状態となり、たとえば一〇〇軒を置くことはまったく不可能であることがよくわかった。ジオラマの作製がシュミレーションの役割もはたしたわけだが、これから考えると住居数約七〇軒という数字は集落中心域の広さでの最大値と考えてよいのではないだろうか。

## 3　水田経営の復元

### （一）食糧調達の問題

最大推定人口五〇〇人を推定したものの、それだけの人数の食糧を賄うことが可能かどうかの疑問が次にうかんでこよう。これには、集落内の食糧が自給自足で足りたのか、あるいは他の集落や地域から得たものも含んで成り立っていたのかが前提となってくる。たとえば、大阪府池上曽根遺跡の場合では、農耕・漁撈・手工業生産に従事する約一〇〇〇人が集住し、交易による「商業都市」として成り立っていたと考える説もあるからである。加茂遺跡の場合は、交易に耐えるだけの石器生産は今のところ確認されていないが、磨製石器の石材に適した泥岩、頁岩、砂岩などの産出地が近くにあることや、狩猟や材木の獲得に適した広大な伊丹台地や北摂山地が隣接することなどから、これらの産出品を通じて海岸部の地域などとの交易が行われていたことも十分考えられよう。

しかし、交易とはいってもその対価として集落近辺で得られない産物を得ただけの場合と、食糧の不足を賄うほどのものであった場合とでは、交易自体の質がまったく異なってくるのではなかろうか。食糧を賄うための交易品とすれば、まず米が思い浮かぶ。しかし、寺沢薫・知子両氏の研究によれば、弥生時代中期の米の生産量は奈良時代の下田級どまりで、この量では一人あたり一日の消費量も現在の一合を満たすにすぎなかったとされている。この説にしたがえば、どの地域の集落でもわずかな米しか生産できず、交易に充てるほどの余剰米はなかったことになる。加茂遺跡の場合も、集落で消費する米を生産し、不足分は伊丹台地や近くの丘陵での狩猟や木の実の採集、猪名川や最明寺川での漁撈などで満たしていたと考えるのが自然ではなかろうか。

## (二) 稲の収穫量と水田面積

では、加茂遺跡の場合、食糧生産の中心であったと考えられる稲作の収穫量と人口の関係について検証してみよう。本集落が営んだ水田については、現在まで検出されていないが、おそらく台地下の最明寺川沿いの沖積地に求められよう。なかでも、遺跡南東側の台地裾と最明寺川の間の低地は安定した耕作地として一五㌶ほどの広さの水田が営まれていたと考えられる。また、遺跡北側の低地も候補地として考えられるが、これも加えて最大限三〇㌶くらいであったと推定される。この水田面積からの米の収穫量については、先に紹介した奈良時代の下田並という説にしたがえば、一段（約一二〇〇平方㍍）あたり三〇束の収穫となり、頴稲一束は脱穀・脱籾すると米五升が得られるので、三〇束では米一石五斗が得られる。奈良時代の米一合は現在の米〇・四〇六合にあたるので、現在の米に換算すると六斗九合の収穫となり、三〇㌶の広さでは一五二石二斗五升の収穫が見込まれる。ところが、集落最盛期の推定人口を五〇〇人とし、一人の一日の消費量を現在の一合と低めにみた場合でも、一年で一八二石五斗の米が必要となる。これは水田面積約三六㌶の収穫に該当する。さらに、次節でも述べるが次の年の耕作のための種籾や凶作に備えた備蓄米も必要で、これらを加えるとおよそ四一㌶の水田面積が必要となり、集落近辺の水田面積ではまったく足らないことになる。

　そうなると、残り一一㌶ほどの広さの水田は周辺地域に求めねばならないが、後世に比べると耕作地の開墾や灌漑技術が未発達な時代のことである。たとえば、近世のように猪名川の水を引き周辺の沖積地を一面水田化していたとはとうてい考えられず、猪名川の支流最明寺川水系の水を灌漑に利用できる範囲での耕地しか想定することができない。

　このように考えた場合、位置的に重なってくるのが加茂遺跡より約一㌔の範囲内に近接して分布する栄根・下加茂・小戸遺跡などの集落遺跡で、仮にそれぞれ四㌶ほどの水田を想定すると、不足

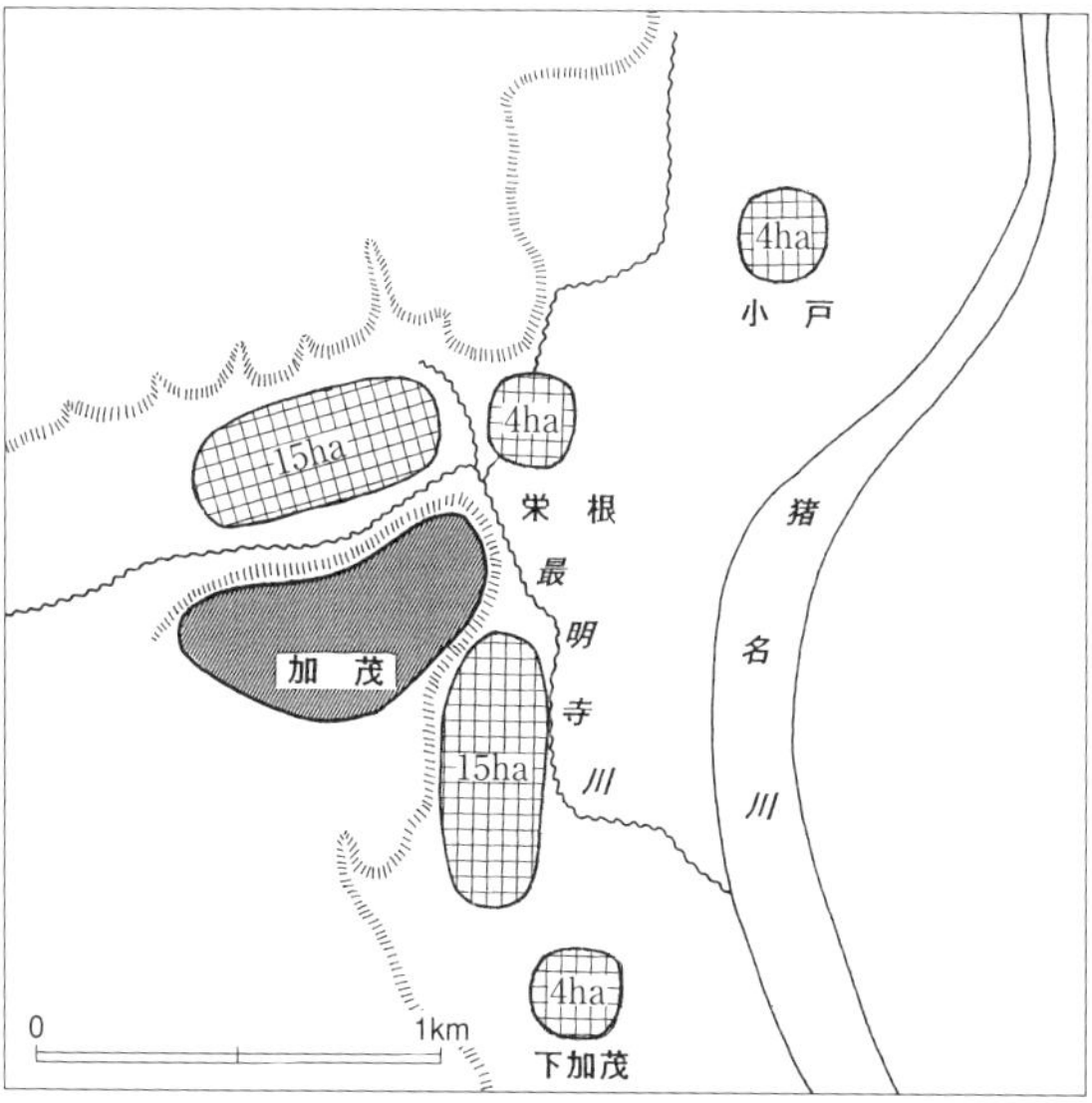


図68　水田経営状況想定図

分の水田面積が解消されることとなる。これらの集落は弥生時代前期から始まるが、中期にいたっても大規模化せず、同じく最明寺川流域で加茂遺跡を中心とした小地域社会を形成する小集落群と考えてきた。しかしこの想定にしたがえば、周辺集落は個別に水田を耕作し米を消費していたのではなく、大規模集落の人口を賄うために周辺の耕作に適した地点に営まれた水田を主体とした集落であったという推論が成り立つのである。

## (三)　一体的水田経営と集住

もちろん、周辺集落から加茂の大集落への米の貢納は、生産能力から考えても不可能なので、周辺水田の耕作者自身も加茂の集落に居住したと考えねばならない。その候補地は、常時か農閑期の一時期かは決めかねるが、まず南北の環濠外居住区があげられよう。実際に周辺各遺跡の弥生時代

**表2**　集落最盛期の収穫稲および水田面積想定表

| 区分 | 算出根拠 | 頴稲 | 米（奈良時代） | 米（現在） | 水田面積 |
|---|---|---|---|---|---|
| 食糧分 | 1合（現在）×500人×365日 | 8,990束 | 449石5斗 | 182石5斗 | 約36ha |
| 種籾分 | 1町あたり 20束 | 687束 | 34石3斗5升 | 13石9斗4升6合 | 約2.7ha |
| 備蓄分 | 1段あたり 1束5杷 | 515束 | 25石7斗5升 | 10石4斗5升4合 | 約2.1ha |
| 合計 | | 10,192束 | 509石6斗 | 206石9斗 | 約40.8ha |

＊集落人口500人で、奈良時代の下田並収穫量の想定による。

中期の状況を見ると、遺物の出土しか確認されていない小戸遺跡を除けば、栄根・下加茂遺跡では方形周溝墓や木棺墓など墓跡のみの検出で、いまだ住居跡が検出されていないという傾向もこれと関連づけて考えることができるのではなかろうか。

この想定は、加茂遺跡の墓地は誰が営んだかという問題にも派生する。環濠外居住区の居住者が周辺集落に墓地を営んだことになるのであれば、加茂遺跡の墓地は集落中心域の居住者が営んだことになってこよう。また、環濠外南・北居住区と方形周溝墓群の在り方をみると、両者はあまりにも近接しており境界が不明瞭な点が指摘されることも、これと符合する。

このように、加茂遺跡の水田経営は、径約二キロ圏内の小地域全域で一体的に行っており、推定最大人口約五〇〇人は周辺水田耕作者も含めた集住の結果と推定される。これまで、大規模集落周辺の小集落については、大規模集落からの分村であり、水田灌漑のための中小河川を軸としてたがいに結ばれていたという説もあったが、このように小地域全域で一体的に水田を経営したという考え方も可能となるのである。また、その大規模性や人口の多さを根拠に、広い地域を対象とした領有や貢納から成り立っていたという発想には慎重とならざるをえないであろう。

## 4　稲倉の検討

### （一）小型建物からみた稲の貯蔵

　前章でも述べたように、小型掘立柱建物は環濠外居住区で八棟検出されたものの、集落中心域も含めた居住区全体に存在した高床式の稲倉であった可能性が高い。ここでは、稲の貯蔵形態について検討してみよう。

　弥生時代の稲の貯蔵形態は、穂先に籾が付いたままの穎稲であったと考えられる。稲の保存は、奈良時代の正倉のように穎稲を脱穀した稲穀が最適とされるが、奈良時代でも脱穀・脱籾技術が未分化で、一般集落での貯蔵は穎稲であったと考えられているからである。また、弥生時代の建物では、精度や強度から考えても、加重のかかる稲穀のバラ積み収納は不可能であろう。

　穎稲での貯蔵とすると、奈良時代の穎稲一束の容積が約九〇〇立方寸（〇・〇二四三立法《メートル》）であったという説にしたがえば、一立法《メートル》で四一束の穎稲が収納可能となる。これをもとに、本遺跡最小規模の掘立柱建物a形式の平均面積を八平方《メートル》とし、穂積高を一・五《メートル》と推定すれば、容積が一二立法《メートル》となるので、最大四九二束の穎稲が収納できたことになる。穎稲一束は脱穀・脱籾する

**表3**　稲倉での頴稲収納量推定表

| 建物形式 | | 面積 $m^2$ | 穂積高m | 容積 $m^3$ | 頴　稲<br>収納量 | 米換算量 | 現在の<br>米換算量 |
|---|---|---|---|---|---|---|---|
| a形式 | | 8<br>(平均) | 1.5<br>(推定) | 12 | 492束 | 24石6斗 | 9石9斗8升8合 |
| b形式 | 建物8 | 14.3 | | 21.45 | 879束 | 43石9斗5升 | 17石8斗4升4合 |
| | 建物9 | 16.8〜 | | 25.2〜 | 1033束〜 | 51石6斗5升〜 | 20石9斗7升〜 |

と米五升にあたるので、頴稲四九二束からは米二四石六斗、現在の米の量に換算して約九石九斗八升八合が得られる。

　やや建物規模の大きいb形式でも、穂積高を一・五メートルと推定して同様の計算をすると、建物8（面積一四・三平方メートル）では、頴稲八七九束が収納可能で、米にすると四三石九斗五升、現在の一七石八斗四升四合に換算される。また、さらに大きい建物9（一六・八平方メートル以上）では、約一〇三三束以上が収納され、米約五一石六斗五升以上、現在の約二〇石九斗七升以上に換算される。b形式は、a形式にくらべ約二倍の収納量であったことになる。

　ところが、稲の貯蔵といっても日々の食糧用だけでなく、先にあげたように次の年のための種籾用や凶作に備えた備蓄用のものも考えられる。種籾の場合は、奈良時代の例を参考とすれば一町あ

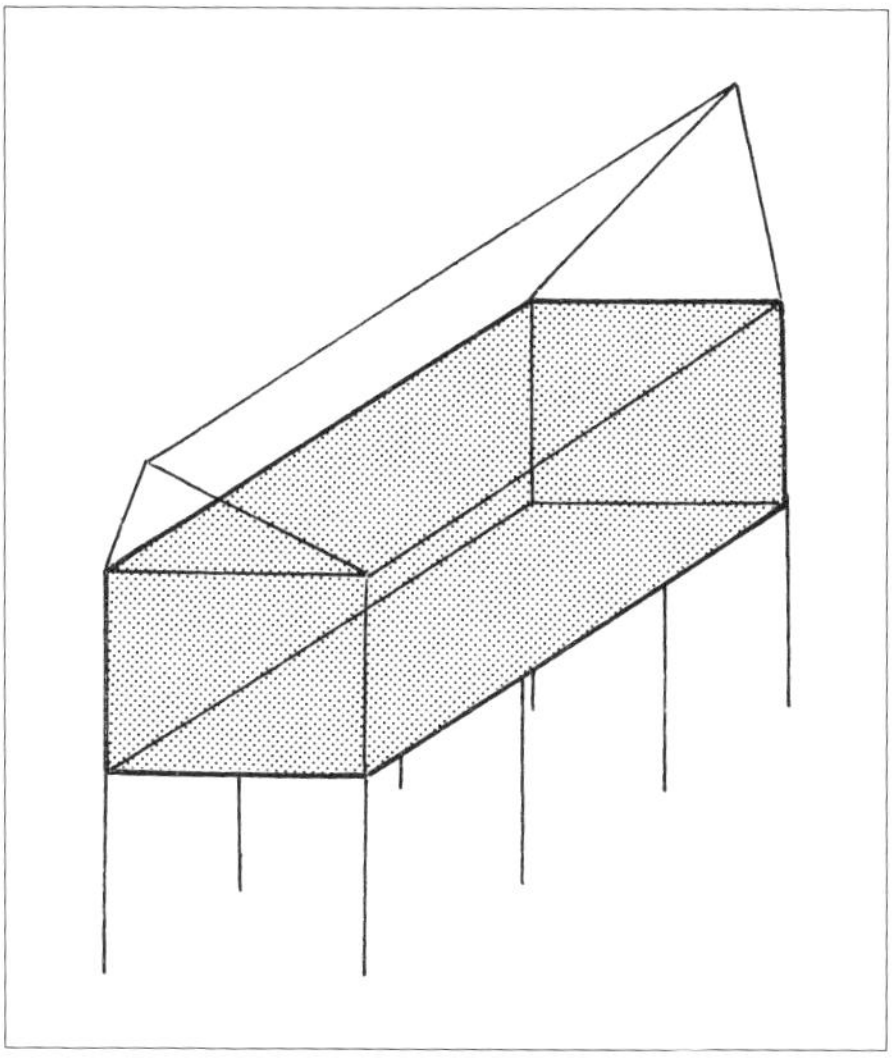

図69　小型稲倉による稲の貯蔵

たり二〇束の頴稲が必要で、先に想定した加茂遺跡の最大水田面積四一ヘクタルに植えるには約六八〇束（約一七立法メートル）が必要となる。この容量では、b形式程度の稲倉が集落内に一棟あれば十分である。また、備蓄の場合は、弥生時代にまとまった量の余剰米があったとは考えられない。仮に律令時代の田租がもっぱら正倉での備蓄に充てられており、凶作に備えた共同貯蔵が起源とする説を参考にすると、水田面積四一ヘクタルからの収穫のうち約五一〇束（約一二立法メートル）が備蓄量となる。これでも一年分でa形式規模の稲倉一棟があれば十分貯蔵することができる。

　このように、種籾や備蓄用の稲倉を想定した場合、加茂遺跡のような大規模集落で数年間貯蔵したとしても、少数棟の小型稲倉があれば十分対応が可能で、集落内でも中心域中央部に存在した可能性が高い。したがって、環濠内外の居住区を問わず多数散在したと推定される小型稲倉は、日々の食糧貯蔵用倉庫と考えることができる。おそらく環濠内外の居住区は複数の竪穴住居群からなる小集団に分かれており、それぞれの小集団が自ら消費するための稲を貯蔵したと考えるのが妥当ではなかろうか。大規模集落とはいえ、食糧用の稲

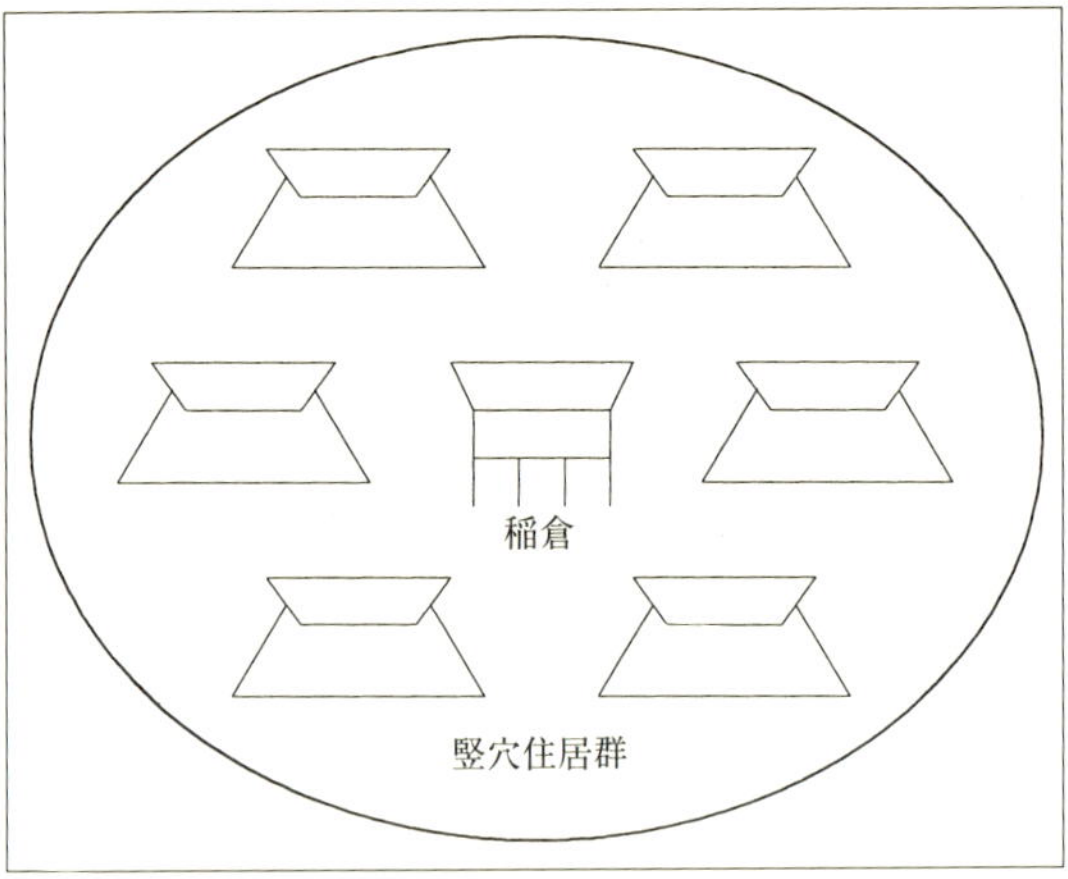


**図70**　集落内小集団と稲倉想定図

は一括貯蔵ではなかったようである。

では、一つの小集団につき一棟の稲倉があったと想定した場合、小集団の人口を推定してみよう。a形式の稲倉では、現在の米九石九斗八升八合分の収納を推定したが、先にあげた一人あたり一日に現在の一合を消費するのが限度であったという説にしたがえば、約二七人分の年間食糧が賄えることになる。同様に計算すると、b形式の建物8では約四九人分、建物9では約五七人分以上の食糧に対応する。これに、竪穴住居一棟五人の居住を想定すると、a形式の稲倉で五〜六軒、b形式の稲倉で一〇軒から一一軒以上の竪穴住居群からなる小集団規模を推定することができるのである。小規模発掘調査が多いため、実際に竪穴住居群やこれにともなう稲倉の存在を確認したわけではないが、環濠内外居住区とも食糧貯蔵用の稲倉を個々にもつ小集団から構成されていた可能性が考えられることは、集落内社会を考える上でも大きな問題点となってこよう。

### (二) 大型建物からみた稲の貯蔵

ところが、他の遺跡では収穫稲を一括貯蔵することが可能な建物跡も存在する。同じく弥生時代中期の大規模集落である大阪府池上曽根遺跡、奈良県唐古・鍵遺跡、兵庫県武庫庄遺跡などから検出された超大型建物である。加茂遺跡の大型建物の場合は宗教的色彩の濃い住居とみられるが、これらの超大型建物は神殿説もあるものの巨大な稲倉であった可能性も高いと考えられる。なかでも池上曽根遺跡の建物跡は、現在史跡整備において屋根倉構造の高床式建物に復元されている。柱穴間隔のばらつきや建物の大きさを考慮すると、構造的にも無理のない妥当な復元案であろう。

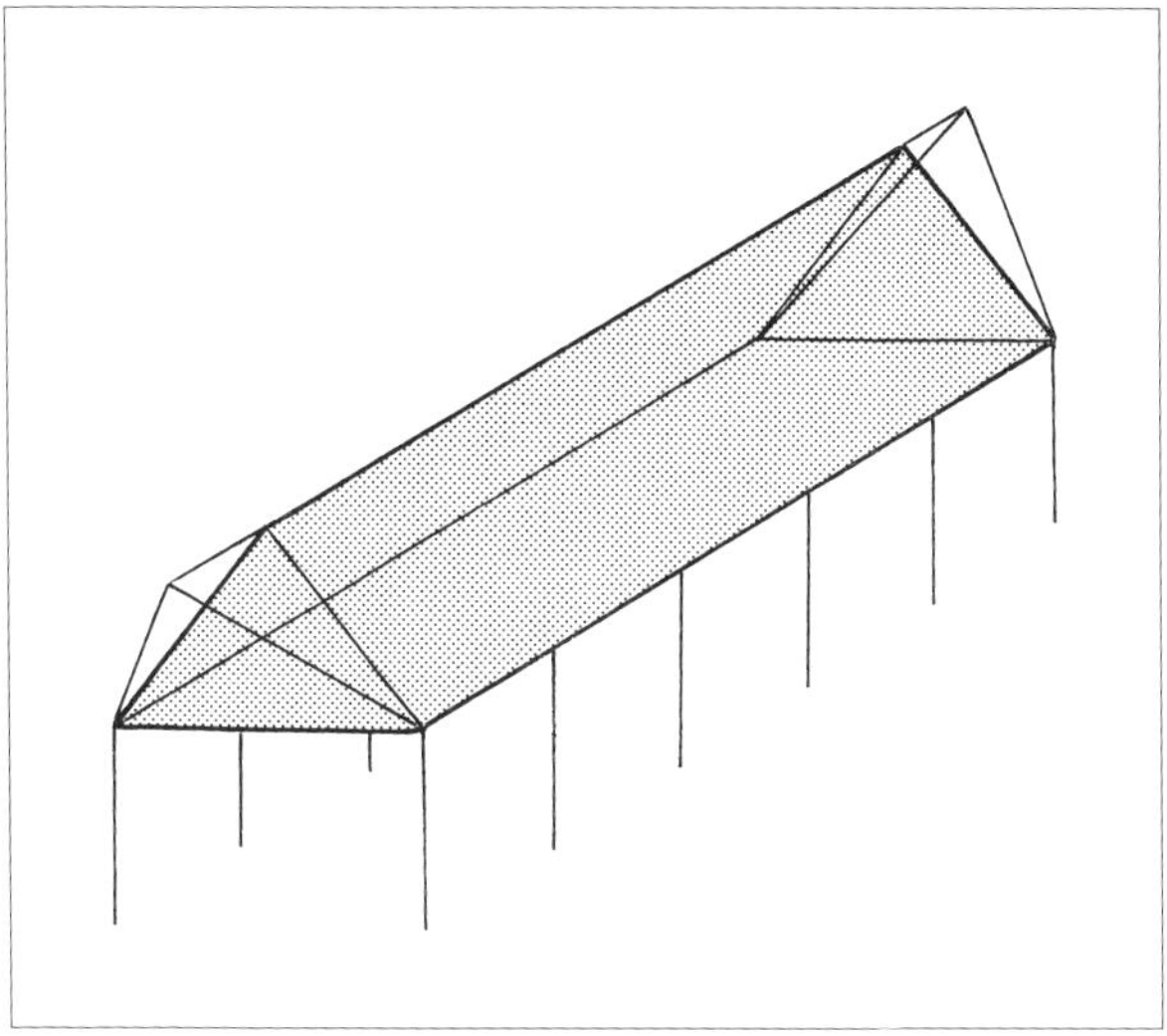

図71　大型稲倉による稲の貯蔵

この復元建物に稲の収納を想定してみると、屋根倉部分の断面積一二平方《メートル》に長さ一九《メートル》を乗じて容積が二二八立法《メートル》となり、頴稲では最大九三四八束が収納可能となる。現在の米に換算すると、一八九石七斗六升四合となるが、加茂遺跡での試算と同様に算出すると五二〇人分の食糧に該当する。加茂遺跡で推定した推定最大人口とじつによく似た数字である。同遺跡は加茂遺跡とほぼ同規模であることからすると、人口およそ五〇〇人規模の集落一年分の食糧を一括貯蔵した稲倉であったという見方も成り立つ。

一方、超大型稲倉が年ごとに満量にされていたという確証はないので、備蓄用の稲倉であったという見方も捨てきれない。仮に加茂遺跡で推定した備蓄稲一年分五一〇束を年ごとに貯蔵したとすると、およそ十八年で満量になることから、十八年に一度の凶作に対応できるからである。たとえつねに貯蔵量は満たしてないにしても、建物規模の大きさは飢饉におびえる集落内の人びとのよりどころであり、結束のシンボルであったのかもしれない。加茂遺跡の場合も、集落中心域中央部の未調査地区にこのような超大型稲倉が存在し、集落全体の備蓄用として機能をはたしていた可能性を考えていたほうがよいのではなかろうか。

## 5　集落内社会の復元

### (一) 重層性と均等性

弥生時代の大規模集落で大型建物が見つかった際、マスコミ報道では集落や地域の支配者が存在し、通説よりも進んだ社会であったという論調が見受けられがちである。では、弥生時代中期の加茂遺跡ではどのような社会が復元されるのであろうか。

先に加茂遺跡の集落構造などからみたように、集落中心域を中心とした重層的な社会が存在したものと考えられる。さらに大型建物や例外的に集落中心域内に営まれた大型方形周溝墓からは、中心域中央部に統括者が存在したことも想定される。大規模な環濠掘削作業などをともなう構造性や企画性のある集落形成については、このような

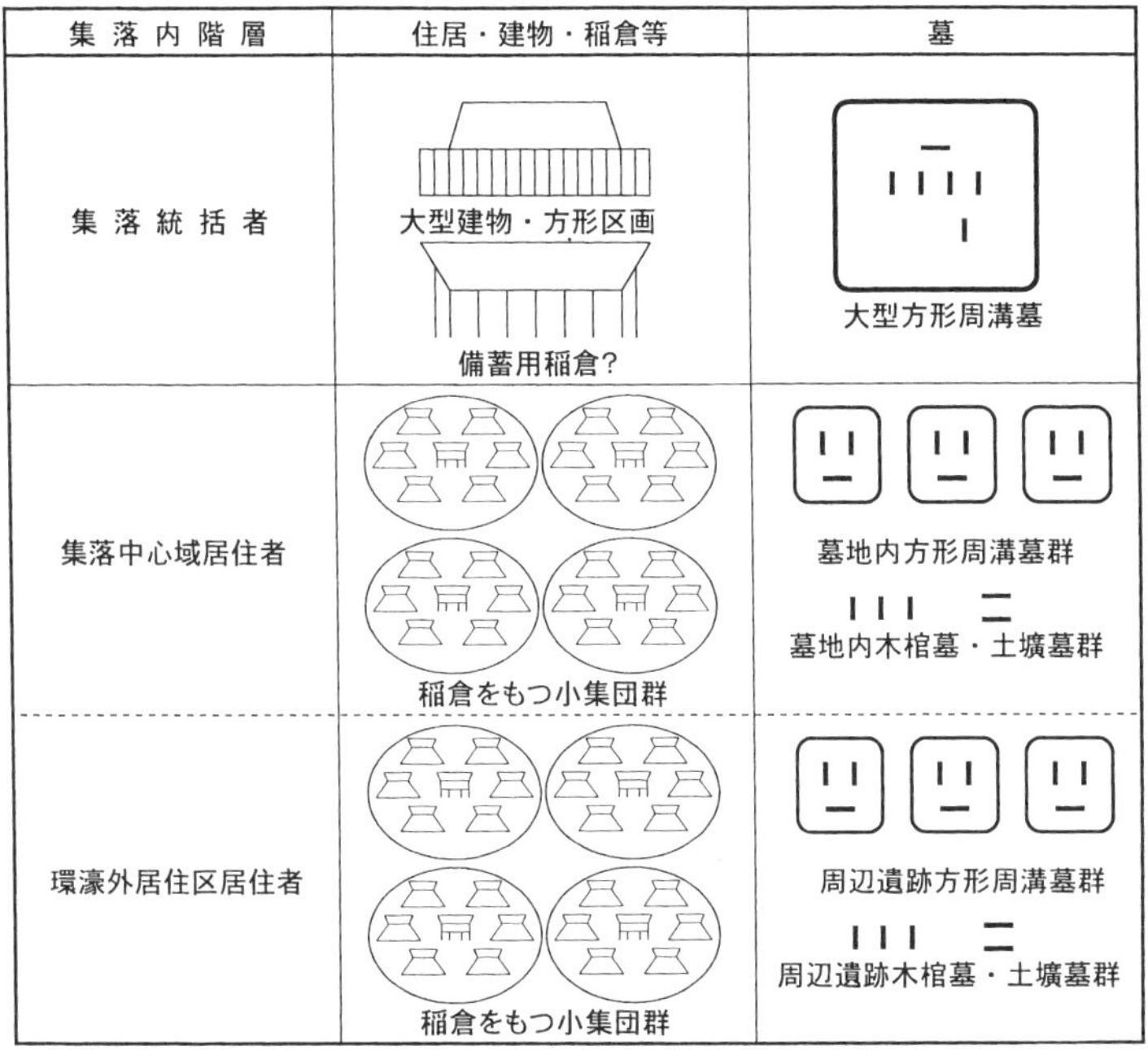


**図72**　集落内社会構成推定図

統括者なしに考えることはできないであろう。さらに、加茂遺跡を中心とした径約二キロ圏内の水田一括経営が考えられることも、それを指揮する統括者の存在を裏づけるものである。このようなことから、大規模集落を束ねる統括者を頂点とする社会であったことは容易に想像できよう。

しかし、実態はそれほど単純なものではなさそうである。大型竪穴住居は環濠内外を問わず存在し、特殊な絵画土器も中心域だけでなく最も小規模で立地条件のよくない環濠外北部居住区からも出土していることは先に指摘したとおりである。方形周溝墓も、中心域内の大型方形周溝墓は別にして、また墓地内の一部に周溝をともなわない木棺墓群はあるものの、大半は均等な規模の方形周溝墓ばかりである。方形周溝墓は周辺小集落でも営まれており、特別な階層の墓でなかったことを物語っている。居住の形態についても、環濠内外居住区とも五〜一〇軒の竪穴住居群に分かれており、それぞれが食糧貯蔵用の小型稲倉をもつものと推定したが、収穫された稲は一括管理されていたのではなく、各小集団ごとに貯蔵し消費されていたことになる。そうなると、一体的と考えた水田経営も内実は個別に耕作されたのであろうか。このように、集落内を個別・均等的な社会と考える根拠が多数見出されるのも事実である。

## (二) 集落内階層の問題

では、この相矛盾するような両要素の共存をどのように理解すべきであろうか。集落統括者はたしかに存在したと思われるが、問題はその質である。中心域中央部では大型建物一棟を囲むと考えられる方形区画は検出されているが、権力の象徴となるような大・中規模区画や区画内の中枢施設が見つかっているわけではない。また、統括者の墓と思われる一基の大型方形周溝墓からは、威信財の副葬品はなく供献土器のみが出土している。これらのことからすると、従来からの弥生時代社会の評価と同じであるが、統括者は後の古墳時代の首長のように特定の権力や財産をともなうものではなく、集落の代表者にとどまっていた可能性が高い。一方、均質な多数の方形周溝墓や稲倉の存在からすると、大多数は均等な小集団から構成されており、統括者を支える特別な支配階層が存在したとはとうてい考えることはできない。もちろん集落中心域の人びとは環濠外居住の人びとに対して格式の高さを感じていたであろうが、根本的な階層差ではなかったであろう。集落内社会は、統括者を頂点とするピラミッド形の階層社会ではなかったのである。階層性については、むしろ方形周溝墓における主体部、周溝内埋葬、周溝外埋葬などの埋葬形態の格差からうかがわれるように、近親者からなる家族構成のうちにあったのではなかろうか。

## 6　大規模集落の形成要因

### (一) 自給自足的な集落

先に紹介した奈良県唐古・鍵遺跡、大阪府池上曽根遺跡のように畿内では弥生時代中期に巨大化する集落例がある。大規模集落中の最大規模集落で、加茂遺跡もこれに含まれるが、なぜこのような集落が営まれたのかが大きな問題となっている。なぜならば、日本の歴史上このような大規模集落が営まれることはまれで、しかも初期稲作農耕社会で起こった現象だからである。

これには、先に紹介したように、弥生時代すでに「都市」があったという説がある。大規模集落は単なる農耕集落ではなく、各種生産にたずさわる人びとが集まり、他地域との交易センターとして成り立っていたという考えである。では、これまで検証してきた加茂遺跡の場合はどのように考えられるのであろうか。

加茂遺跡の巨大さのまず第一の要因は、集落中心域の過密ともいえる人びとの集住であり、さらに二つの環濠外居住区が加わったことにある。先に検討したように、おそらく環濠外居住区は周辺の水田耕作者が居住したもので、常時ではないにしても少なくとも農閑期の一定期間居住したのではないかと考えられる。これは、加茂遺跡を中心とする小地域社会の人びとがすべて集まって住んだということで、最大時の推定人口約五〇〇人の食糧算出からも考えられることである。

交易が大規模集落を支えたという見方について

は、先に指摘したように石器生産が環濠内外居住区で個別に行われていたことや、その他の特殊な生産地区がいまだ検出されていないことなどから見て、否定的にならざるをえない。また、環濠に囲まれた集落構造も閉鎖的で、他地域の人びとが自由に訪れる市が開かれたというイメージからはほど遠い。やはり、加茂の集落は大規模な農耕集落で、一部磨製石器石材などの交易は考えられるものの、基本的に農耕による自給自足的な集落であったといわざるをえないのではなかろうか。

## (二) 集落防御と集住

しかし、小地域社会の人びとがなぜ集まって住まねばならなかったのかという疑問点は残っている。たとえ小地域社会のまとまりがあったとはいえ、水田耕作を営んでいる以上は耕作に適した場所で個別に集落を営むのが自然だからである。また、過度な集住は生活面でいろいろなトラブルがともなったと想像され、その不自然さは否定できない。

この疑問を解く鍵は、先に指摘したきわめて防御性の高い集落構造にある。防御が必要であったため人びとが集まり住んだので、その背景には他集落・他地域との争いがあったためではなかろうか。ただし、その姿からは攻撃的な性格ではなく、集落自体を守ろうとする受け身の姿勢がうかがわれる。構造的には後の時代の城郭とは似通ったところもあるが、性格は異なったもので、生活を営む集落が直接攻撃を受けるような情勢が頻繁に起こったためであろう。

当時の争いの原因については、交易品や稲作にともなう水争いなどがあげられる場合が多い。しかし、それなら集落外の領域境での戦いが想定されてもよいが、集落の襲撃となると、むしろ収穫後の稲の略奪が主だったのではないかと考えられる。品種や稲作農耕技術が未発達な段階にとどまっていたため、収穫が不安定な状態がつづき、小地域集団間の略奪行為が日常茶飯事に行われていたのではなかろうか。加茂遺跡の属する小地域でも、最明寺川という流量に限界のある小河川からの灌漑に頼らざるをえなかったため、夏期の渇水は頻繁に起こったものと推定される。

### (三)　大規模集落の終焉

集落大規模化の要因を探るには、その終焉を知ることも重要である。弥生時代中期大規模集落も、時期差はあるものの後期にいたり縮小する傾向にあることは、これまでも指摘されてきた。

加茂遺跡の場合は、後期になるとすぐに小規模となり、遅くとも後期後半には東西二つの集落に分離することが知られる。このうち東部集落は、中期の中心域を継承する位置に約三㌶ほどの規模を保っていたが、後期の環濠が見つかっていないことからすると、その背景には防御の必要のない時代、すなわち集住の必要のない時代の到来があったからであろう。

一方、周辺の栄根・小戸・下加茂遺跡では弥生時代後期後半以降古墳時代にかけて集落規模や内容が充実してくるが、分散して集落を営みはじめたことを裏づけるものであろう。それは、稲の品種改良や農耕技術の発達による食糧生産の安定化や、少なくとも畿内社会の統合化が進みつつあったことを物語るものではなかろうか。ただし、加茂遺跡の中期集落中心域を継承した後期・終末期集落は三㌶ほどの規模を保つことや、同時期の巨大な栄根銅鐸の存在からすると、この段階では小地域の統括者が依然ここに存在したのであろう。しかし、古墳時代になると、集落規模からみても加茂遺跡の優位性はうかがわれず、小地域内の中心的存在としての地位は失ったものと考えられる。

## 7　周辺地域での検討

### (一) 西摂地域の弥生時代集落分布

加茂遺跡の所在する西摂地域には多くの弥生時代遺跡が分布するが、加茂遺跡および近接する集落群で構成される小地域社会の位置づけを考える上で、視点をひろげその分布状況と動向について検証することにしたい。

西摂地域とは、兵庫県南西部から一部大阪府北西部を含む地域で東は千里丘陵、北は北摂山地、西は六甲山地に区画され、南は大阪湾に面する東西約一七キロ、南北約一五キロの沖積平野および洪積段丘の広がる地域である。このうち大半を占めるのは、北摂山地を源流とする猪名川と武庫川が南流する平野部で、両河川の間に低位段丘である伊丹台地が広がり、その台地北東端部が加茂遺跡の位置であることは、先に述べたとおりである。また、西端部は六甲山地東南麓部で、中・高位段丘が大阪湾に迫る沖積地が狭い地域となり、神戸方面へとつづいている。

当地域の弥生時代遺跡は、九三遺跡存在する。集落遺構が確認されている遺跡に加え、遺物の出土が知られているだけの遺跡までを含んだ数であるが、集落遺跡として分布状況から見ていこう。遺跡分布状況の把握については、まず河川との関係を重視すると、各流域ごとの複数集落からなる遺跡群が注目される。この場合の河川とは、猪名川、武庫川などの大河川ではなく、両河川の支流や河口部の分流、六甲東南麓部の中小河川が該当する。その理由は、加茂遺跡の所属する遺跡群での最明寺川のように、水田経営の水源として想定されうる規模の河川が重要であるのに対して、猪名川・武庫川などの大河川は当時の技術では灌漑に利用できない自然障壁にすぎないからである。

このような基準をもとに遺跡分布を見ると、径二〜三キロの広さをもつ一七遺跡群に分けられ、それぞれが弥生時代社会の小地域としてとらえることができる。また、そのうちのいくつかは、小地域間の近接状況や群在状況を考慮して、二〜四の小地域で構成される四つの中地域を想定することも可能である。しかし、後世の律令時代の郡域に匹敵するほどの大地域を想定することは困難である。

このうち、加茂遺跡が所在する最明寺川流域と同様の小地域は猪名川流域に多く、中期の大規模集落池田市宮の前遺跡を含む箕面川流域の小地域や、中・後期の大規模集落豊中市新免遺跡を含む千里川流域の小地域などがある。また、猪名川河口部では中・後期の大規模集落尼崎市田能遺跡を含む中地域や、武庫川河口部では中期の大規模集落尼崎市武庫庄遺跡を含む中地域が認められる。一方、六甲東南麓部では多くの中小河川沿いの小地域があるが、いくつかの中小河川を含む二群の中地域を設定することができる。この地域には大規模集落は認められないが、芦屋市会下山《えげのやま》遺跡や城山遺跡、西宮市仁川《にがわ》五ヶ山《ごかやま》遺跡など、標高一〇〇〜二〇〇メートルの山地や丘陵上に所在する中・後期の高地性集落が目立つ地域である。

### (二) 小・中地域の変遷

弥生時代前期遺跡は、一八遺跡確認されている。これは当地域の弥生遺跡九三遺跡のうち約三分の一に相当する遺跡数で、決して少ない数ではない。前期の早い段階の遺跡は海岸沿いの地域に

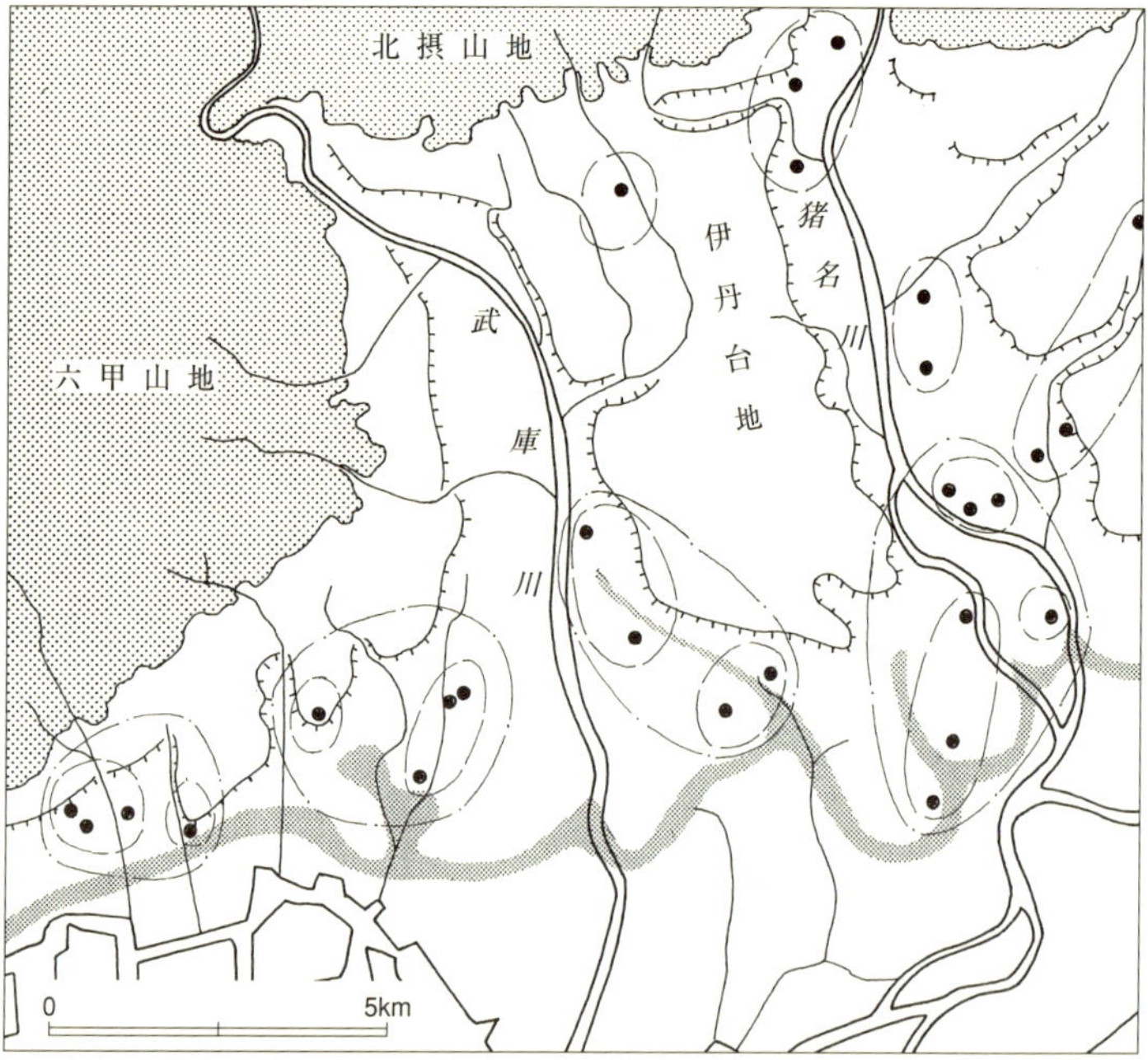


**図73**　西摂地域の弥生前期遺跡分布図

かぎられることから、海に近い沖積地から弥生集落が営まれはじめたと考えられるが、前期末には内陸部でも多くの遺跡が現れている。小地域単位で見た場合注目されるのは、前期末には弥生時代を通しての全小地域一五カ所のうち一二もの小地域にすでに遺跡が存在することである。しかも、ほとんどの小地域には複数遺跡が存在し、四つの中地域もすでに形成されている。

このような小地域内での複数遺跡の存在については、複数の集団が共存したという性格のものではなく、一つの集団が近接するいくつかの耕作適合地で水田耕作を開始したと理解すべきであろう。このことからすれば、弥生集落は前期より群在して一つの小地域社会を形成するのが特性であり、中小河川を軸とした中期以降つづく水田耕作の適合地選定が

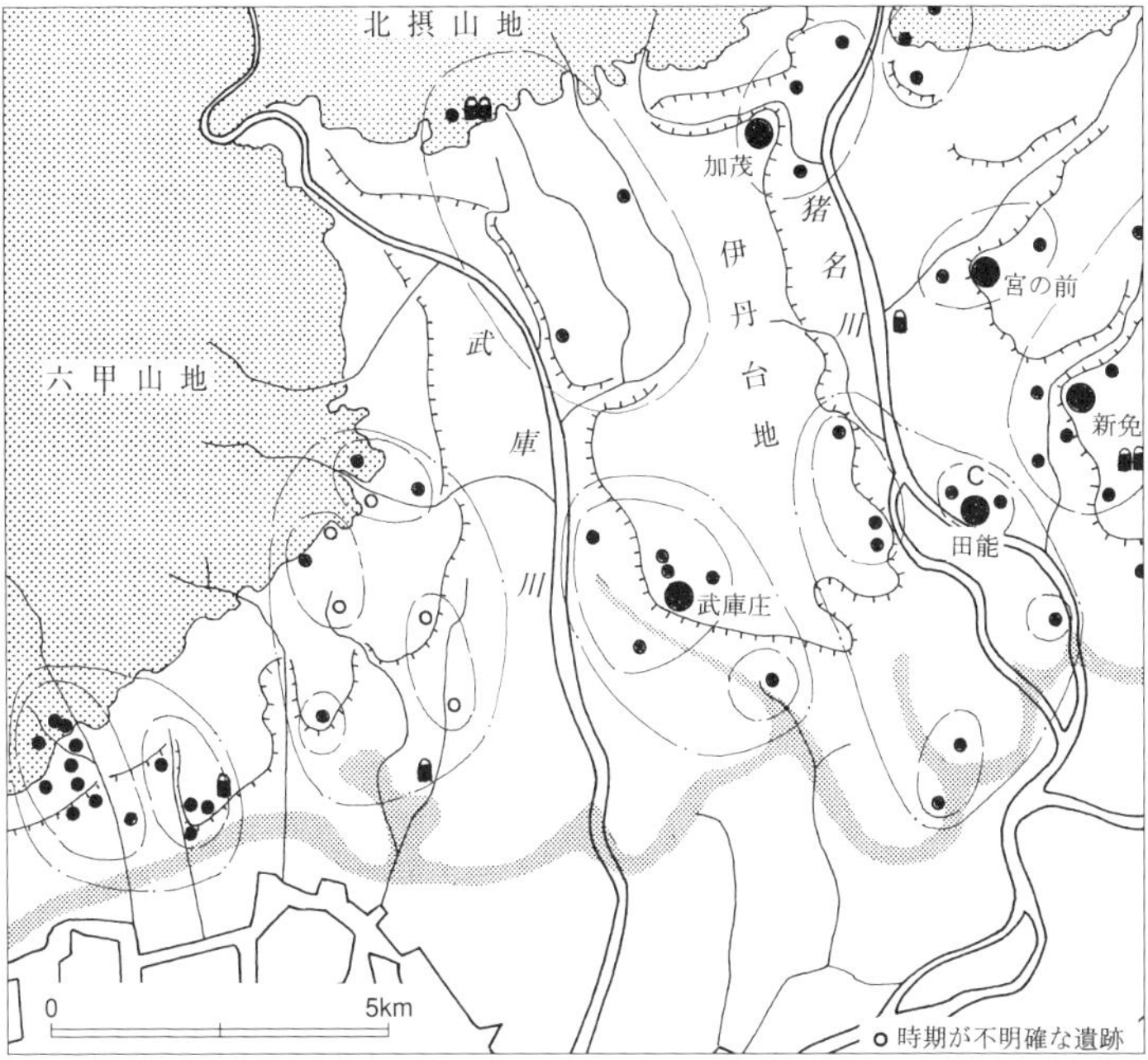


図74　西摂地域の弥生中期遺跡分布図

すでに達成されていたことになる。加茂遺跡の所属する小地域における前期集落の群在は、決して偶然ではなかったのである。

中期遺跡は、六〇遺跡確認されており、前期遺跡のほぼ二倍に増加している。前期遺跡で中期に継続しない例がある一方で、中期遺跡がそれ以上増加しているからである。小地域単位に見ると、猪名川中流域や、猪名川・武庫川河口部と六甲山地東南麓部の海岸に近い小地域で前期の六遺跡が中期に継続しないが、小地域自体がなくなる例はない。これに対して、前期遺跡がなかった池田市五月山、西宮市仁川流域・東川流域などの丘陵上や段丘上で新たに小地域が現れて、弥生時代を通しての小地域はすべて出そろうことになる。

中期に出現する遺跡の傾向を見ると、すべて段丘など内陸寄りの地点に立地し、六甲東

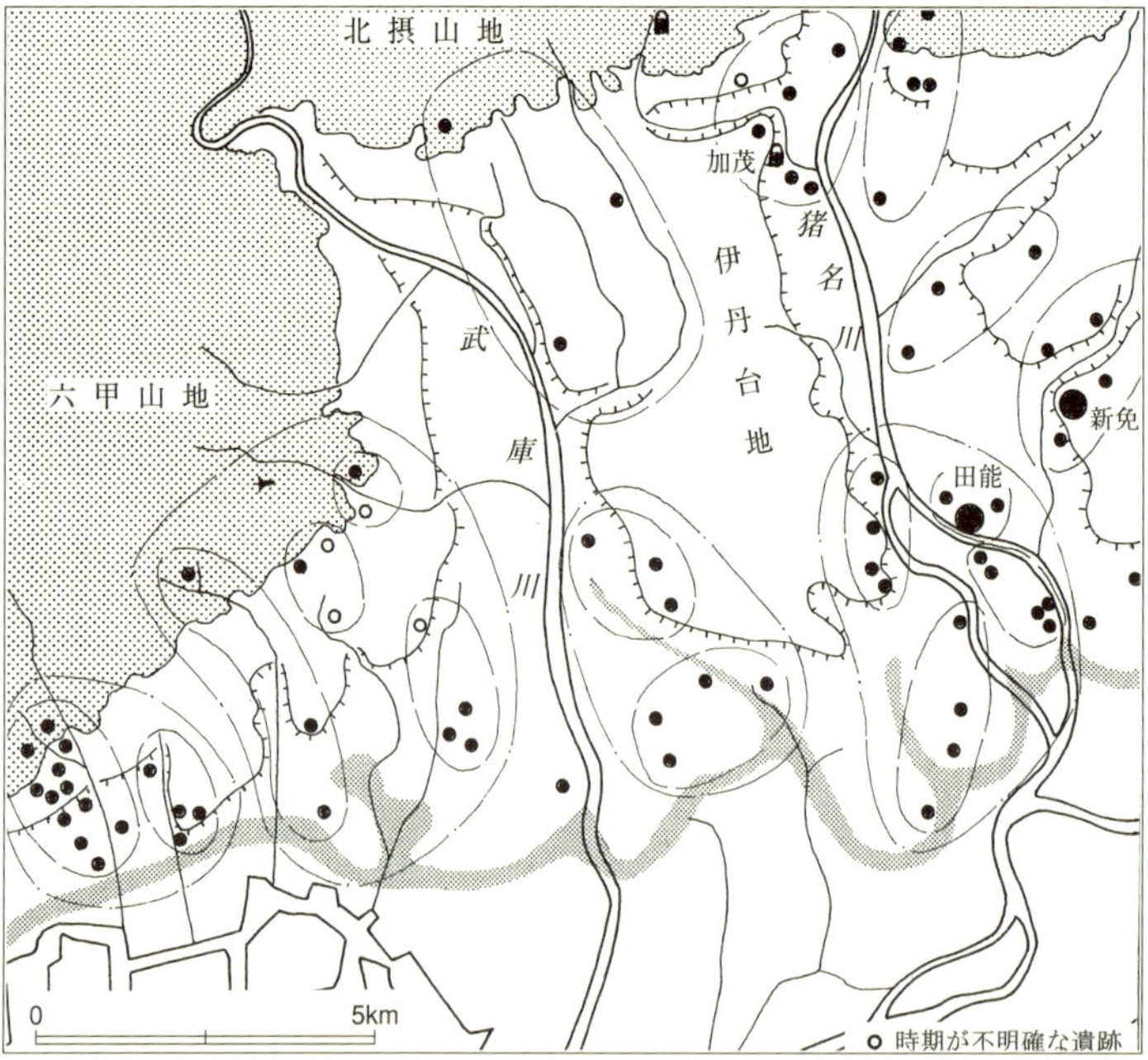


**図75**　西摂地域の弥生後期・終末期遺跡分布図

南麓部では段丘・扇状地上から標高一〇〇《メートル》以上の山地上に高地性集落が多く出現している。武庫以東の平野部でも、加茂遺跡も含めてほとんどが段丘上の遺跡で、中期の大規模集落形成もこの立地に関係している。前期から継続して中期に大規模化する田能遺跡は沖積地に立地するが、宮の前・新免・武庫庄遺跡はすべて中期初頭に段丘上に現れた後大規模化しており、加茂遺跡の大規模集落形成もこれらの動向の一つと見られるであろう。

　後期遺跡は、終末期も含めると七六遺跡確認されており、中期遺跡よりさらに増加する傾向が認められる。中期から継続しない遺跡が少ないのに対して、後期に新たに出現する遺跡が多いからである。ただし、新たに現れる小地域はなく、中期からの小・中地域がすべて維持される状況となっている。また、全体的に後期遺跡は、終末期から古墳時代へ継続する傾向も認めることができる。

武庫川以東の平野部で新たに出現する遺跡の多くは、中期とは対照的に猪名川・武庫川河口部の沖積地のものである。おそらく、河口部での堆積状況の変化が耕作適合地を増やした結果であろう。また、六甲南東麓部でも海岸に近い沖積地に多くの遺跡が現れているが、高地性集落や段丘上の遺跡も継続するものの、高地性集落や高位の段丘上にかぎると終末期から古墳時代への継続性は認められない。

武庫川以東の中期に発展した大規模集落は、後期に縮小する現象が始まる。加茂遺跡の場合は、後期に縮小し東西二つの居住区に分かれ、終末期から古墳時代へと継続するが、縮小過程は遺跡により微妙に異なっている。後期には継続しない宮の前遺跡、縮小しながらも後期には継続するが終末期へはつづかない武庫庄遺跡、後期よりも終末期に縮小する田能・新免遺跡など、断絶や縮小状況はさまざまである。しかし、終末期まで集落規模が維持された例はなく、大きく見て加茂遺跡での集落縮小現象と同一現象ととらえるべきであろう。

## （三）地域社会の形成

このように、中小河川を軸とする遺跡群を小地域としてとらえ、西摂地域の弥生集落分布を検討してきたが、大河川流域ごとの分布や立地条件などをもとに、個々の遺跡の増減を比較する見方とは異なった結果が得られたのではないかと考えている。

まず、加茂遺跡の周辺地域と同様の中小河川を軸とした小地域は、弥生時代を通じて西摂地域全体で普遍的に認められた。このような中小河川が流れる沖積地は、初期稲作農耕時代には当時の灌漑技術に合った水田耕作の適合地であったと見られる。人びとはそのような耕作に適した地点を選び出し、集落遺跡を営んでいたのである。ただし、当時の耕作技術ではその小地域内全域を耕地化することは不可能で、実際には耕作条件に合った箇所をいくつか選び水田を営まなければならなかったであろう。また、複数の箇所での耕作は、それぞれ自然条件が微妙に異なる距離を置いた地点であるので、干ばつや洪水に対処する危険回避のための知恵であったかもしれない。

このように考えれば、小地域内の複数集落遺跡は一体的なものであるが、一つの中小河川流域で灌漑などの共同作業を行う上で便宜上、あるいは相互規制が働き複数集落が結合した結果と考えることはできない。小地域内社会は、まず初めに一つの集団があったのであり、複数の集落が集まった結果ではないのである。先の加茂遺跡の事例でも、複数集落による一体的水田経営が大規模集落を支えたと考えたが、大規模集落をもたない時期や小地域でもこの考え方は適用することができる、弥生時代の集落遺跡特有の地域社会といえるのではなかろうか。

このことは、小地域が弥生時代前期から後期にかけて徐々に形成されたものではなく、前期からすでに一二の小地域が成立していたことからもいえることである。この段階で各集団による適合地の選定と確保がすでに達成されたのであろう。もちろん当地域の弥生時代最初期については、もとの集団から分離・派生する段階も想定されるが、少なくとも前期末にはすでに多く小地域が形成されていたことは明らかである。このことからすれば、弥生時代集落は、小地域を形成することから始まったといっても過言ではない。

また、小地域の多くは古墳時代へ継続していることも重要である。加茂遺跡の所属する小地域では、奈良・平安時代にいたる各時代の遺跡が一つのセットとなり、まとまっていたが、猪名川流域の他の小地域の多くも古墳時代では古墳分布との対応が見られ、さらにそのいくつかは古代寺院の分布とも関連づけることができる。弥生時代に形成される小地域のもつ意味は、当時代だけにとどまらないことを念頭に置くべきではなかろうか。

## (四) 大規模集落の誕生と解体

以上のような小地域のうち武庫川以東の平野部では、小・中地域のほとんどで弥生時代中期に大規模集落が現れることは最も注目すべき現象であり、その一つである加茂遺跡を考える上での大きな問題点となる。加茂遺跡の場合は、重層性と防御性の強い集落構造より、大規模化のおもな要因は他の地域との争いに対する防御をおもな目的とした集住にあると考えたが、周辺の大規模集落例もそのように考えられるのであろうか。残念ながら、調査の条件が異なり加茂遺跡のように明確に規模や構造がわかる資料がそろっていないのが現状である。このため、明らかになっている点をもとに加茂遺跡と比較してみよう。

まず大規模集落となる宮の前・新免・田能・武庫庄遺跡の時期についてみると、いずれも中期に大規模化するものの、前期からつづくのは田能遺跡のみである。他は加茂遺跡と同じく中期初頭(第Ⅱ様式期)に始まり、中期中頃から後半(第Ⅲ・Ⅳ様式期)に大規模化している。後期から終末期にかけて断絶か縮小する過程はさまざまであるが、大規模化の中心が中期中頃から後半期にあることはまちがいないであろう。従来畿内でも大和を中心とした弥生集落の動向として、前期から後期に継続する規模の大きい「拠点集落」や「母村」が地域の中心として存在し、周辺に人口増加にともなう分村を配するという見方がなされてきたが、当地域にかぎるとこのモデルはかならずしもあたらないことになる。しかも、各小地域内を見ると、中期から始まる加茂遺跡をはじめ宮の前・新免・武庫庄遺跡などの所属する各小地域内には、母体と考えられる複数の前期集落がすでにあり、縮小後の後期・終末期集落も多数存在するのである。また、小規模集落でも全時期継続する例が少なからず存在することも考えると、「地域の中心となる大規模集落は全時期継続する」という見方はできないのではなかろうか。むしろ、中期における集落の大規模化と、それに連動する各小地域内での集落動向を重視すべきではないかと考えられる。

次に立地についてみると、沖積地に位置する田能遺跡を除くと、宮の前・新免・武庫庄の三遺跡はすべて加茂遺跡と同様に沖積地に面した段丘端上に位置する。とくに宮の前・新免遺跡は中小河川に面した突端状の段丘上に位置しており、加茂遺跡と同様に防御に適した立地といえる。ただし、沖積地の田能遺跡も含めていずれの遺跡でも今のところ環濠は確認されておらず、かならずしも防御性の強さを指摘することはできないのが現状である。

集落規模については、西摂地域でいち早く注目された田能遺跡も、集落と墓地をあわせて径一二〇《メートル》ほどの規模しか確認されておらず、猪名川の氾濫による浸食で集落遺構の多くが失われたと考えられている。居住区と墓地を合わせると、宮の前遺跡は東西約四〇〇《メートル》、南北約三〇〇《メートル》で、新免遺跡は東西約五〇〇《メートル》、南北約三〇〇《メートル》の規模が考えられているが、今のところ加茂遺跡と同等の規模をもつまでにはいたらないようである。ただし、武庫庄遺跡は東西約四五〇メートル、南北約三〇〇メートルの範囲が考えられているものの、北側に近接する南戸坂遺跡と道ノ下遺跡などの方形周溝墓が検出されている遺跡も同一集落の墓地として加えると、加茂遺跡に匹敵する規模をもつ可能性が高い。

集落構造については、新免遺跡では複数の居住域と墓地が混在する状況で、宮の前遺跡も同様の傾向が認められるという。両集落の構造は今後明らかになっていくと思われるが、いずれにせよ加茂遺跡のもつ明確な構造性と重層性を適用することは困難と考えられる。武庫庄遺跡の集落構造も明らかではないが、注目されるのは中期後半の畿内でも最大規模と推定される大型建物の存在である。梁間一間（八・六メートル）桁行四間（九・六メートル）以上もの規模の、独立棟持柱をもつ中期後半の掘立柱建物で、同形式の大阪府池上曽根遺跡の建物以上の規模が推定されている。武庫庄遺跡の大型建物は、先に考察したような超大型の貯蔵用稲倉と考えられるが、このような施設を集落中心部に置く求心的な集落構造をもつ可能性は高いといえよう。

その他注目される遺構としては、田能遺跡で碧玉製管玉や白銅製腕輪を着装した人物が埋葬された中期後半の方形周溝墓が検出されている。集落内での位置関係は明らかではないが、一辺二〇メートル以上の規模の大型方形周溝墓であることから、加茂遺跡の大型方形周溝墓と同様な位置づけが考えられ、集落および小・中地域統括者の存在を裏づける資料といえよう。

### （五）加茂遺跡における大規模集落の評価

以上のように周辺地域を対象として検討する

と、それぞれの大規模集落は集住や防御性をもち、各小・中地域の中心的な存在となっていたと考えられるものの、加茂遺跡と同様の規模や構造を求めることは困難である。武庫庄遺跡のように今後同等の集落規模や構造が明らかになる可能性もあるが、宮の前・新免遺跡のように求心性をもたない集落例もあるからである。このように見れば、一概に大規模集落とはいわれるものの、規模や構造には差があり、多様性を認めざるをえないであろう。そのなかでも加茂遺跡は、当地域内で特別に規模が大きく明確な構造性・重層性と防御性をもつ大規模集落、あるいはそれを生みだした小地域としての位置づけがなされるのではなかろうか。

しかし、このような考え方から、当地域社会を加茂遺跡とそれの属する小地域が頂点となって君臨し、他の大規模集落を有する小地域や、大規模集落を生みださなかった小地域を従えたという図式に帰結することには慎重であらねばならない。それには、当地域の各小地域が有機的に結びついた社会を形成していたという考え方が前提とならなければならないからである。まず、水田経営の面で見ると、猪名川・武庫川の河口部を別とすれば、各小地域は軸となる中小河川の水系はそれぞれ完全に分離しており、直接の相互利害関係を認めることは困難である。猪名川河口部の田能遺跡や武庫川河口部の武庫庄遺跡の場合は、いくつかの小地域が結合した中地域の中心的な存在であったという見方も成り立つが、上流地域との直接関係をうかがうことはできない。たとえば、多数の中小河川が盆地中央部の大和川に流れ込む大和の自然条件にくらべると、小・中地域社会の在り方は分散的といわざるをえない地域で、そのなかでも加茂遺跡の属する小地域の孤立性は比定できないのではなかろうか。

一方、水田経営で直接関係がなくとも、交易による小地域間の結びつきがあったことは否定できない。加茂遺跡の場合は、磨製石器の石材に適した泥岩、頁岩、砂岩などの産出地に近いことや、狩猟や材木の獲得に適した広大な伊丹台地や北摂山地が隣接することから、これらの産出品を通じた交易がなされていたであろう。しかし、その特質は北摂山地沿いの多くの地域がもつ共通要素にすぎず、それらの交易が大規模集落を生みだしたおもな要因と考えられないことは先に指摘したとおりである。また、外部地域との交易となると、猪名川や武庫川河口部の地域こそ有利であり、内陸部の加茂遺跡は不利な立場であったといわざるをえない。それならば、遺跡の発見時から注目された膨大な量の打製石器の石材であるサヌカイトはどのようにして確保されたのであろうか。後世の交通網を考えれば陸路を通じての交易も考えられるが、東方の山城や近江、北方の丹波・但馬との交易を想定させる土器の出土は弥生時代後期を待たねばならない。中期では河内地方の土器の出土しか認めることができないことからすれば、やはり猪名川河口部の地域を介しての交易しか考えられないのが現状である。

このように見れば、加茂遺跡が格別大規模な集落を生みだした背景としては、当地域内での特別な位置づけや役割を考えることはできず、むしろその孤立性と独立性こそがおもな要因であったのではないかという考え方が浮かび上がってくる。本書でたびたび指摘してきたきわめて防御性の高い集落構造は、当地域内でも特筆すべきものである。防御すべき対象としては、西摂地域内の他の小・中地域との争いか、さらに外部地域との争いであったかは容易に判断できないが、当地域でも外部地域に接しない最内陸部に位置することや、防御構造の堅さからすれば、まず近隣小・中地域との争いや緊張関係が想定されてしかるべきであろう。加茂遺跡は、そのような争いや緊張関係のなかで大規模集落への集住と防御を生じさせ、さらにその内部においても結束力に富んだ構造性と重層性をもつ集落構造を生みだしたのではなかろうか。しかし、かならずしも集落内社会は階層性に富む進んだ社会段階であったと考えることはできない。その一方で、均等性や個別性が認められることも事実だからである。

大規模集落も、弥生時代後期には縮小し、防御構造も見られなくなるが、それはなによりも稲作農耕技術の進歩による食糧生産の増大や、それにともなう当地域や畿内弥生社会の統合や安定化がもたらしたものであろう。初期稲作農耕社会の生んだこのような情勢の推移こそが、加茂遺跡のような大規模集落を生みだし解体にいたらしめたおもな要因として解釈できるのではなかろうか。

また、大規模集落は縮小したものの、弥生時代後期には大型銅鐸を保有する東部居住区が残っていた。その後加茂遺跡の優位性は失われるが、近隣集落が充実するとともに古墳や古代寺院が築かれるなど小地域社会は着実に継続し、小地域を統括した首長が育っていったものと見られる。このように、弥生時代中期の大規模集落だけに目を奪われることなく、古代史のなかの基礎的な小地域としての意義も視野に入れたいものである。

# V　これからの加茂遺跡

以上、加茂遺跡の紹介とともに、最盛期となる弥生時代中期大規模集落の実態や大規模化した要因を検証してきた。遺跡の発見からおよそ一〇〇年、発掘調査が行われはじめてから五〇年以上が経過し、現在まで二〇〇次を超える発掘調査が行われてきたが、今回は多くの資料が得られた現時点での問題提起を行ったものである。

とくにこの一〇年間は、畿内でも有数の大規模集落であることだけでなく、明確な集落構造や中心施設等をもつことが徐々に明らかになり、従来知られていたものとはかけ離れた弥生時代集落像を提供してきた。その要因が古代史上進歩した社会を示すものか、あるいは初期稲作農耕社会における一現象にすぎないのかという評価の揺れは、筆者を最も悩ませた問題点である。本書においては当地域内での一応の評価は示したものの、弥生時代社会全体や古代史上の位置づけとなると論の及ぶところではなかった。このことは、今後取り組むべき大きな課題である。

また、これからの課題としては、まず従来の調査資料整理や見直しなどがあるが、本遺跡研究史の前半期を占める採集資料の存在を忘れてはならない。さいわい、かなりの資料は宮川石器館や公立・民間の施設に保管されているが、これら以外にも近年にいたるまで採集された膨大な資料の存在が予想され、今後追跡調査を行う必要がある。とくに、過去の遺物採集は石器のなかでも石鏃採集に重点が置かれる傾向があり、調査出土資料数を大きく上回ることが予想されるので、石器研究には欠かせない作業である。

一方、これまで本遺跡の発掘調査面積は全体のおよそ一割にすぎず、とくに弥生時代集落の中心域中央部となる鴨神社周辺には未調査地区が多く残されている。これまで遺跡内での開発は個人住宅建設が中心で、さいわいにも大規模開発により一気に失われることはなかった。本遺跡の発掘調査は、今後永くつづくものであり、研究面も含めてこれからの遺跡といえよう。

しかし、小規模開発とはいえ、遺跡内の宅地化は徐々に進んでいる。現在、国史跡は集落中心域中央部の鴨神社境内地とその周辺だけが指定されているが、今後追加指定を行い、少なくともほぼ集落中心域全体が指定・保存されることが目標である。そして、緊急調査ではない計画的な発掘調査を行い、遺跡整備へとつなげることが期待される。これは、未来に向けての責務であり、希望でもある。

これらの課題をなしとげるのは、数十年単位では無理なことで、一〇〇年単位の長期的視野にたって行っていかねばならないであろう。加茂遺跡とはそれほどの内容と価値をもつ遺跡であることを理解していただければ、本書のもつ役割は十分はたされたといえよう。

## 加茂遺跡見学ガイド

所 在 地　兵庫県川西市加茂１丁目、南花屋敷２・３丁目

交通機関　ＪＲ宝塚線あるいは阪急電鉄宝塚線利用で、ＪＲは川西池田駅下車、阪急電鉄は川西能勢口駅下車。

（徒歩の場合）いずれの駅からも南西方向へ約15～20分。ＪＲの方が約300mと近く、駅から加茂遺跡の台地が間近に見える。

（バスの場合）阪急電鉄川西能勢口駅前バスターミナルより阪急バス阪急伊丹行で「加茂幼稚園前」か「南花屋敷」にて下車。

（車利用の場合）中国縦貫自動車道の宝塚インターあるいは豊中インターから国道176号をたどり、兵庫県立川西高等学校の交差点を約800m北上すれば遺跡に着く。川西市文化財資料館の駐車場が利用可能。

□遺跡内の見学□

台地上に立地するため、地形の観察でも遺跡の特徴をつかむことができる。とくに遺跡北東端の公園からは台地の高さや防御性を実感することができ、周辺の栄根遺跡や大阪方面まで眺望することができる。

遺跡東部の鴨神社境内には国史跡の標柱や解説板のほか、最盛期の加茂遺跡をイメージした絵画看板がある。これは、2000（平成12）年の史跡指定を記念し、鴨神社が洋画家塚本龍夫氏に依頼して作製したもの。

かつて多量に資料採集されたのは、神社周辺の畑地であったが、現在は個人所有の畑地でもあるので採集は行えない。

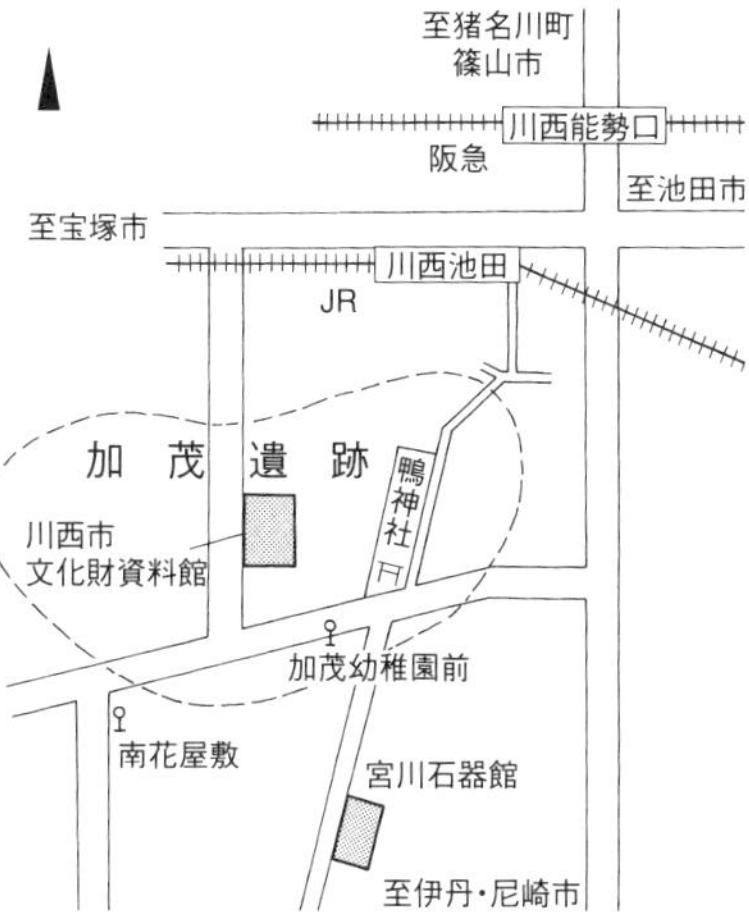


＊遺跡の見学には、文化財ボランティアの解説もあるので、川西市文化財資料館（TEL072-757-8624）か川西市教育委員会社会教育課（TEL072-740-1244）へ問い合わせると良い。

## 川西市文化財資料館

・所 在 地／川西市南花屋敷２丁目13-10
　　　　　TEL072-757-8624
・開館時間／午前９時30分〜午後５時
・休 館 日／月曜日（祝日に当たる場合はその翌日休館）、12月28日〜
　　　　　１月４日
・入 館 料／無料

「南花屋敷」バス停で下車し、北東へ徒歩３分。

1993（平成５）年、川西市が国の出土文化財管理センター補助を受けて建て、市内遺跡出土資料を整理、収蔵、展示する。加茂遺跡関係では弥生土器、石器、栄根銅鐸（レプリカ）、最盛期の集落ジオラマ（1/500）等を常設展示。その他の遺跡では、栄根遺跡出土の木舟（古墳時代）、勝福寺古墳出土の銀象嵌竜文刀等副葬品、栄根遺跡の日本最古の墨壺（奈良時代）、満願寺の地鎮具（室町時代）等を展示している。

団体等の予約見学には、展示解説の他、整理室の見学も対応している。

## 宮川石器館

・所 在 地／川西市加茂２丁目10-14
TEL072-759-9077
・休 館 日／日・土曜・祝日
・入 館 料／無料
・見学申込／個人施設のため事前予約が必要。なるべく団体見学が望ましい。

「加茂幼稚園前」バス停、または鴨神社より南に下る道を徒歩５分。加茂の集落内にある。

1936（昭和11）年、宮川雄逸氏が自宅の長屋門を改造して開館した資料館で、開館以来多くの見学者や著名な考古学者が訪れている。宮川氏が加茂遺跡で採集した弥生土器・石器を展示するが、展示室、ケース等は開館当時のままである。展示品には、旧石器や銅鏃等貴重な遺物が含まれ、開館を伝える当時の朝日新聞「天声人語」も展示されている。

## 参考文献

伊井孝雄　一九九〇「摂津加茂遺跡」文化財保存全国協議会編『遺跡保存の事典』一五八―一五九頁　三省堂
乾　哲也　一九九五「池上・曽根遺跡の変遷」『大阪府埋蔵文化財協会研究紀要』第三号　二五―五二頁
亥野　彊　一九七六「考古資料」『川西市史』第四巻資料編一　三―一〇四頁　川西市
梅田康弘　一九八九「地震跡の発掘―加茂・栄根遺跡の発掘調査成果より―」『川西市栄根遺跡―第一九次発掘調査報告―』一二〇―一四二頁　川西市遺跡調査会
梅原末次　一九二七「栄根銅鐸」『銅鐸の研究』六五―六八頁　大岡山書店
岡野慶隆　一九九九「兵庫県川西市加茂遺跡」『日本歴史』第六一六号　八二―九〇頁
岡野慶隆　二〇〇〇「川西市加茂遺跡―弥生時代大規模集落の構造について―」『ひょうご考古』第六号　九―二七頁
岡野慶隆　二〇〇一「西摂地域の弥生集落」『みずほ』第三五号　六六―八一頁
岡野慶隆　二〇〇三「弥生時代集落における稲倉―兵庫県川西市加茂遺跡での検討―」石野博信編『初期古墳と大和の考古学』一二一―一三一頁　学生社
笠井新也　一九一五・一九一六「玉類・斎瓮及び弥生式土器を混出せる石器時代の遺蹟」『人類学雑誌』第三〇第一一号　四〇八―四一七頁・第三〇巻一二号　四五九―四六三頁・第三一巻第一号　二二一―二六頁・第三一巻第二号　五九―六三頁
加茂遺跡を守る会　一九七一「兵庫県加茂遺跡」日本考古学協会編『埋蔵文化財白書』一〇二―一〇八頁　学生社
加茂計画研究会　一九七七『川西市加茂地区計画および加茂遺跡公園の基本構想』加茂遺跡を守る会
川西市・川西市教育委員会　二〇〇〇『国史跡指定記念　史跡加茂遺跡―弥生時代の大規模集落―』
小林行雄　一九三五「加茂弥生遺跡の貝輪」『考古学』第六巻第九号　四二一六頁

佐原　真・横田義章・高井悌三郎　一九六八「考古編　加茂遺跡」『伊丹市史』第四巻　二〇―五四頁　伊丹市
澤田吾一　一九七二『復刻　奈良時代民政経済の数的研究』柏書房
都出比呂志　一九八九『日本農耕社会の成立過程』岩波書店
寺沢　薫・寺沢知子　一九八一「弥生時代植物質食料の基礎的研究―初期農耕社会研究の前提として―」『考古学論考』第五冊　一―一二九頁　奈良県立橿原考古学研究所
直良信夫　一九二九「石器其他を出土せる日本上代の遺蹟と銅鐸との関係」『考古学雑誌』第一九第八号　五〇一―五一五頁
直良信夫　一九四三「摂津加茂発見の銅鏃」『近畿古代文化叢考』一四―二二頁　葦牙書房
橋爪康至・岡田　務　一九八一「兵庫県加茂遺跡の弥生土器絵画資料」『考古学雑誌』第六七第一号　一一一―一一四頁
広瀬和雄　一九九六「弥生都市の成立」『考古学研究』第四五巻第三号　三四―五六頁
福島義一　一九三三「摂津国川辺郡加茂遺跡採集の一磨製石鏃」『人類学雑誌』第四八巻第二号　一〇五―一〇七頁
藤森栄一　一九四三「弥生式文化に於ける摂津加茂の石器群の意義に就いて」『古代文化』第一四巻第七号　二一七―二三一頁
松村恵司　一九八三「古代稲倉をめぐる諸問題」『文化財論叢』奈良国立文化財研究所創立三〇周年記念論文集　五五三―五七〇頁　奈良国立文化財研究所
武藤　誠　一九七四「考古学からみた川西地方」『川西市史』第一巻　四〇―一六八頁　川西市
村尾次郎　一九七八『律令財政史の研究　増補版』吉川弘文館

〈加茂遺跡発掘調査報告書〉
家崎孝治　一九九七『川西市加茂遺跡―第一四一次調査―』古代文化調査会

石野博信ほか　一九七一『川西市加茂弥生遺跡調査概報』川西市教育委員会
磯崎正彦ほか　一九七一『加茂三号線地点緊急発掘調査概報』川西市教育委員会
川西市教育委員会　一九七六『加茂遺跡―遺構を中心としてみた遺跡の概要―』
川西市教育委員会　一九八〇『加茂遺跡発掘調査概要』
川西市教育委員会　一九八二『川西市加茂遺跡―市道一一号線建設に伴う発掘調査報告―』
川西市教育委員会　一九八八『川西市加茂遺跡―第八一～八三・八五～九一次発掘調査報告―』
川西市教育委員会　一九九四『川西市加茂遺跡―第一一七・一二五次発掘調査概要』
川西市教育委員会　一九九六『平成七年度川西市発掘調査概要報告』
川西市教育委員会　一九九七『平成八年度川西市発掘調査概要報告』
川西市教育委員会　一九九八『平成九年度川西市発掘調査概要報告』
川西市教育委員会　一九九九『平成一〇年度川西市発掘調査概要報告』
川西市教育委員会　二〇〇〇『平成一一年度川西市発掘調査概要報告』
川西市教育委員会　二〇〇一『平成一二年度川西市発掘調査概要報告』
川西市教育委員会　二〇〇二『平成一三年度川西市発掘調査概要報告』
川西市教育委員会　二〇〇三『平成一四年度川西市発掘調査概要報告』
川西市教育委員会　二〇〇四『平成一五年度川西市発掘調査概要報告』
川西市教育委員会　二〇〇五『平成一六年度川西市発掘調査概要報告』
末永雅雄　一九六八『摂津加茂』関西大学文学部考古学研究第三冊　関西大学
富田好久ほか　一九六九『川西市農協建設用地事前調査概要』川西市教育委員会
村尾政人　一九九五『摂津加茂遺跡　第一三八次発掘調査概要報告書』淡神文化財協会
村川行弘・村川義典　二〇〇一『川西市加茂遺跡―第八四次調査―』加茂遺跡発掘調査団

# おわりに

加茂遺跡は、一九二五（大正四）年笠井新也により発見されて以来、多くの研究者や郷土史家がかかわってきた遺跡である。遺跡研究史の前半期におけるこれらの人びとの熱意こそが、今日の調査成果を導いたことを忘れてはならない。とくに、一九三六（昭和十一）年の開館より今日まで、地元の宮川石器館で資料公開を継続されてきた宮川雄逸氏とご遺族の功績は偉大である。

また、発掘調査にあたっては、地元市民の協力も多く得られている。一方、多くの研究者にも現地調査指導や講演会・シンポジウムなどを引き受けていただくなど、温かく見守っていただいた。とくに、学友坂井秀弥氏には、本遺跡を全国の著名遺跡のなかに加えていただき、今回本書の執筆を勧めていただいた次第である。本書の内容が、すこしでもそれに応えるものであることを願う限りであるが、今後の調査・研究の進展をもってお許しいただきたい。

なお、本書で紹介した加茂遺跡の発掘調査は、一部大学や民間団体が行ったものもあるが、大半は川西市教育員会が主体となり実施し、所属職員である筆者と田中達夫・祭本敦士がおもに担当したものである。残念ながら、近年の大型建物検出など主要な調査を担当してきた祭本敦士は、平成十五年十月十二日に若くして急逝している。本書の刊行をもって冥福を祈りたい。

菊池徹夫
坂井秀弥　企画・監修「日本の遺跡」

# 8　加茂遺跡《かもいせき》

**■著者略歴■**


**岡野慶隆**（おかの・よしたか）

1952年、兵庫県生まれ

関西学院大学大学院文学研究科修士課程修了

現在、川西市教育委員会勤務

主要著書等

「長尾山丘陵における横穴式石室─その企画法と構築技法─」『市史研究紀要たからづか』1989年

「兵庫県川西市加茂遺跡」『日本歴史』1999年

「『喪葬令』三位以上・別祖氏上墓の再検討」『古代文化』1999年



2006年3月10日発行

著　者　岡《おか》野《の》　慶《よし》隆《たか》

発行者　山脇　洋亮

印刷者　亜細亜印刷㈱

発行所　東京都千代田区飯田橋 4-4-8　東京中央ビル内　(株)同成社

TEL 03-3239-1467　振替 00140-0-20618





ISBN4-88621-348-0 C3321

シリーズ　日本の遺跡　菊池徹夫・坂井秀弥　企画・監修　四六判・定価各一八九〇円

【既刊】

①西都原古墳群　南九州屈指の大古墳群　北郷泰道

②吉野ヶ里遺跡　復元された弥生大集落　七田忠昭

③虎塚古墳　関東の彩色壁画古墳　鴨志田篤二

④六郷山と田染荘遺跡　九州国東の寺院と荘園遺跡　櫻井成昭

⑤瀬戸窯跡群　歴史を刻む日本の代表的窯跡群　藤澤良祐

⑥宇治遺跡群　藤原氏が残した平安王朝遺跡　杉本　宏

⑦今城塚と三島古墳群　摂津・淀川北岸の真の継体陵　森田克行

⑧加茂遺跡　大型建物をもつ畿内の弥生大集落　岡野慶隆

【続刊】

⑨伊勢斎宮跡　今に蘇る斎王の宮殿　泉　雄二

⑩白河郡衙遺跡群　古代東国行政の一大中心地　鈴木　功

⑪山陽道駅家跡　西日本を支えた古代の道と駅　岸本道昭